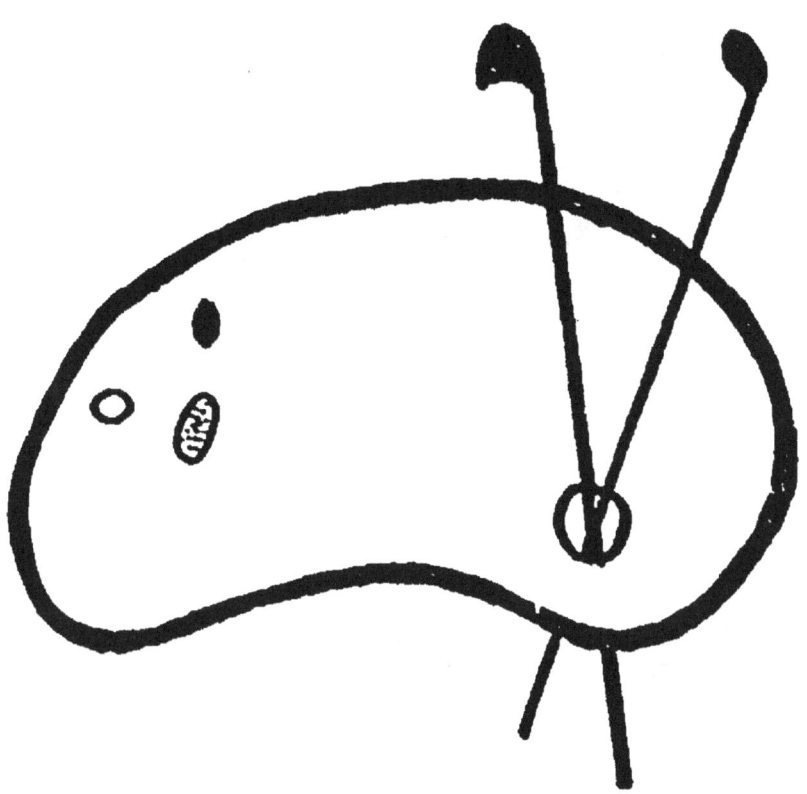

COUVERTURE SUPERIEURE ET INFERIEURE
EN COULEUR

BIBLIOTHÈQUE
DES ÉCOLES ET DES FAMILLES

W.-C. BALDWIN

RÉCITS DE CHASSES

DANS L'AFRIQUE CENTRALE

PARIS
LIBRAIRIE HACHETTE ET Cⁱᵉ
79, BOULEVARD SAINT-GERMAIN, 79

PARIS. — IMPRIMERIE ÉMILE MARTINET, RUE MIGNON, 2

W. C. BALDWIN

RÉCITS DE CHASSES

DU NATAL AU ZAMBÈZE

WILLIAM CHARLES BALDWIN

BIBLIOTHÈQUE
DES ÉCOLES ET DES FAMILLES

W. C. BALDWIN

RÉCITS DE CHASSES

DU NATAL AU ZAMBÈZE

ABRÉGÉS PAR H. VATTEMARE

PARIS
LIBRAIRIE HACHETTE ET Cie
79, BOULEVARD SAINT-GERMAIN, 79
1879

AVANT-PROPOS

Ainsi qu'il nous l'apprend lui-même, c'est la passion pour la chasse, les chiens et les chevaux qui a poussé William Charles Baldwin à l'existence aventureuse qu'il a menée pendant dix ans.

Cette passion, paraît-il, était innée chez lui, puisque dès l'âge de six ans il suivait sur son poney les lévriers d'un propriétaire du voisinage.

Malheureusement, celui-ci se fâcha des prouesses du jeune chasseur et s'en plaignit vivement à son père, lequel coupa court à cet entraînement prématuré en mettant William en pension.

Il y resta comme bien d'autres; et lorsqu'il en sortit, ayant l'humeur vagabonde, il fut placé dans la maison de commerce d'un ex-membre du Parlement, afin d'y acquérir les notions requises pour être envoyé aux colonies.

Il travailla, fit de son mieux, sans aucun doute, bien qu'à vrai dire les bassets, le canotage ou les réunions publiques fussent contraires aux devoirs et à la discipline du bureau.

Un jour, en collationnant des comptes avec le plus jeune des associés, ils en vinrent tous les deux à conclure que lui,

William, n'avait pas de vocation particulière pour le métier de commis aux écritures, et qu'un tabouret mis devant un pupitre ne présentait pas une étendue suffisante pour qu'il voulût y passer ses beaux jours.

Il fut donc résolu qu'il irait en Écosse, dans le comté de Forfar ou d'Angus[1], pour y apprendre l'agriculture : situation fort agréable, qui dura peu de temps, par suite d'une difficulté avec le maître.

Il quitta ce comté pour une ferme située dans la chaîne occidentale, où, sur vingt kilomètres carrés de montagnes, de ruisseaux, de bruyères et d'étangs, il pouvait bien y avoir un hectare de terre labourable, auquel s'ajoutaient deux distilleries de whisky[2]. Son excellent père ne doutait pas que son William, accablé de travail, ne fût, dans une pareille ferme, promptement initié à tous les mystères de la culture écossaise.

La vérité est qu'avec la chasse, la pêche, les gens de la ferme, les chiens, les promenades et les flâneries, il se trouvait là dans une position fort enviable : il compte les années qu'il y a passées au nombre des plus heureuses de sa vie.

Mais le temps s'écoulait ; il savait que dans sa patrie il n'avait ni bruyères, ni lacs, ni chevaux de race en perspective ; en conséquence, il chercha quelque pays lointain où la liberté fût plus grande, au moins celle de se mouvoir, et il engagea un jeune et bel Écossais à quitter l'Europe avec lui.

Tandis qu'il balançait entre le Haut-Canada et les prairies de la vallée du Mississipi, deux de ses amis intimes, qui par-

---

1. Le comté de Forfar, dit aussi comté d'Angus, est situé en Écosse entre les comtés d'Aberdeen, de Kincardine, de Perth, le golfe du Tay et la mer du Nord. Il est traversé par les monts Grampians et a pour capitale Forfar.
2. Sorte d'eau-de-vie de grains.

taient pour le Natal, lui conseillèrent de choisir cette colonie;
et ce fut pour ce parti qu'il se décida, après avoir lu le livre de
Gordon Cumming, qu'on venait de publier.

Baldwin n'est ni un voyageur ni un explorateur. Chasseur
avant tout, spéculateur ensuite, il voyait dans ses pérégrina-
tions, non seulement un moyen de satisfaire une passion
favorite, mais aussi celui d'en tirer profit, de gagner de l'argent, en un mot.

Il réussit et rentra dans sa patrie avec une fortune raison-
nable.

Cette fortune, il l'avait gagnée, comme on le verra, en passant à travers des épreuves et des périls sans nombre, grâce
à une énergie chaque jour renaissante et que n'affaiblissaient
pas les découragements et les fatigues de la veille.

Le récit qu'il fait de ses expéditions cynégétiques a tout
l'attrait d'un roman. Mais ce n'est pas le seul intérêt qu'on
doive y chercher. A côté d'histoires aventureuses, on y trouve
d'utiles enseignements.

Baldwin a parcouru, en beaucoup de sens, un espace de
trois mille kilomètres à peu près inexplorés. Il y avait été
précédé par Livingstone. Cependant, tandis que, pour l'Afrique australe, Livingstone monte presque directement du
nord au sud, depuis le Cap jusqu'au lac Ngami et aux cataractes Victoria, Baldwin parcourt durant six ans les côtes
orientales de l'Afrique, depuis Durban, dans le Natal, jusqu'à
la baie Delagoa; ensuite il franchit les monts Draken, et,
pendant quatre autres années, il visite les républiques de
l'Orange et du Transvaal, le Mérico, les États de Séchéli, de
Sicomo et de Machin, le Kalahari, le lac Ngami, qui paraît un
point nécessairement central, et enfin il atteint aussi les
chutes du Zambèze.

Le livre de Baldwin peut être considéré comme un complément de ceux de Livingstone. Il donne, sur les coutumes des Boërs [1], si odieux à ce dernier, des détails fort intéressants, explique ce que sont beaucoup de personnages rencontrés par les précédents voyageurs et les nomme pour la plupart.

Aussi, avant d'entamer les récits de chasse de Baldwin, croyons-nous devoir donner quelques renseignements historiques et géographiques sur les contrées qu'il a parcourues.

La colonie du Cap, bornée au nord par le pays des Hottentots, à l'est par la Cafrerie, à l'ouest et au sud par l'Océan, comprend toute la pointe de l'Afrique que termine le cap de Bonne-Espérance, vu, pour la première fois, par Barthélemy Diaz, en 1486, et doublé par Vasco de Gama en 1497.

Le pays a un aspect des plus variés. Une chaîne de montagnes le parcourt de l'est à l'ouest; il renferme des plaines cultivées et des déserts immenses, des eaux minérales et thermales, une végétation qui lui est particulière mêlée aux plantes tropicales et du sud de l'Europe. Malgré des inondations et des sécheresses extrêmes, le climat en est agréable. Il contient une population de 250 000 habitants et a pour capital *Cape-Town* (ville du Cap), située à 40 kilomètres au nord du cap de Bonne-Espérance, d'où elle tira son nom.

Fondée, en 1650, par le Hollandais Jean Van Riebeck, elle fut définitivement cédée aux Anglais en 1815, et devint pour ceux-ci de la plus grande importance comme station militaire

---

1. *Bouriers, paysans*, nom donné, dans l'Afrique australe aux habitants d'origine hollandaise.

et comme entrepôt de leur commerce avec leurs possessions indiennes.

En quittant le Cap, les Boërs hollandais allèrent fonder (1824) la ville de Port-Natal, lieu découvert par les Portugais, en 1478, le jour de Noël (*Natalis dies*). Ils en furent chassés, en 1844, par les Anglais, qui annexèrent ce territoire à leur colonie du Cap.

Les Boërs s'établirent alors entre les rivières Orange et Vaal et y fondèrent deux républiques, celle d'Orange et de Transvaal, toutes deux enclavées dans la Cafrerie.

Les Boërs [1], en particulier ceux du Transvaal, se sont constamment montrés de déterminés chasseurs d'hommes… Tous les voyageurs sont d'accord à ce sujet, et Livingstone a décrit en termes saisissants les excès auxquels donne lieu la chasse aux esclaves. A l'époque du voyage de Baldwin, les Transvaaliens disaient ouvertement que s'ils devaient renoncer à enlever pour leur service les enfants qu'ils rencontraient dans leurs expéditions, ils les tueraient ; on parlait même d'enfants mis en tas et brûlés par eux.

Les habitants des États de Natal et du Cap demandaient, au

---

[1] Dans son excellent ouvrage *la Terre à vol d'oiseau*, M. Onésime Reclus fait le portrait suivant de ces Hollandais d'Afrique :

« Issus de races fortes, les Boërs ont dégénéré ; le climat sans hiver de l'Afrique australe les a énervés, la pauvreté d'eau les a maintenus à demi nomades par l'habitude du trekken (boisson fermentée); leur calvinisme trop littéral leur a fermé l'esprit, leurs guerres avec les sauvages les ont presque ensauvagés. Étant peu renouvelés depuis leur séparation d'avec la Hollande par de nouveaux éléments homogènes capables de les tenir au courant du siècle, ils sont tombés dans une demi-barbarie. Le trekken, les visites de ferme à ferme, de longues siestes, la pipe, le sermon, les discussions théologiques, la lecture de la Bible, de quelques vieux traités de controverse et des œuvres de Cats, le poète national de l'ancienne Hollande, chez quelques colons avancés les coups de main contre les Cafres : à cela s'use la vie des fils de ceux qui tirèrent le delta du Rhin des eaux de la mer, et des hommes qui rougirent de leur sang les torrents espagnols au nom de la liberté de conscience. »

nom de la morale et de l'honneur, que le gouvernement anglais mît un terme à ces atrocités, en détruisant ce nid de forbans. « C'est, nous l'espérons bien, s'écriaient-ils, le commencement de la fin pour le Transvaal. »

Ce vœu a été réalisé. La république du Transvaal n'existe plus : elle a été annexée à la colonie du Cap. Il faut ajouter que c'est sur la demande des Transvaaliens eux-mêmes qu'a eu lieu cette annexion, qui d'ailleurs eût, tôt ou tard, été effectuée sans leur consentement.

Le territoire des Grikouas, qui touche au Natal et à la république d'Orange, avait déjà été annexé en 1868.

Quant à la Cafrerie, théâtre habituel des expéditions sauvages des Boërs, c'est une vaste région qui, sur 2 500 kilomètres de profondeur, occupe, sur l'océan Indien, une longueur de côtes de 1 300 kilomètres. Le climat en est très chaud, surtout sur les côtes; à l'intérieur se trouvent des montagnes fort âpres et de vastes déserts de sable. Elle renferme des mines d'or, d'argent, de cuivre et de fer; sa flore est analogue à celle du Cap, et les bêtes féroces y foisonnent. Elle se divise en Cafrerie maritime, ou côte de Natal, et Cafrerie intérieure; celle-ci se prolonge jusqu'au Zambèze.

La race cafre (nom dérivé de l'arabe *Kafer*, infidèle) est noire, mais belle, grande et bien faite. Elle se divise en un grand nombre de tribus, dont les principales sont les *Zoulous*, les *Tamboukis*, les *Mamboukis*, dans la Cafrerie maritime; les *Grikouas*, les *Betjuanas*, dans la Cafrerie intérieure.

Les anciens géographes donnaient le nom de Cafrerie à toute la partie de l'Afrique méridionale s'étendant d'une mer à l'autre, au sud de la Guinée et de la Nigritie.

La Cafrerie maritime est, au moment où nous écrivons, le

théâtre de graves évènements. La guerre sévit entre les Anglais et les Zoulous.

Nous croyons donc devoir entrer dans quelques détails sur cette grande tribu de la nation des Cafres.

Les nombreuses tribus qui occupent ou parcourent cette vaste région appartiennent à deux familles ou races principales, les Hottentots et les Bantous, ces derniers connus sous le nom générique de Cafres.

Le littoral de l'Atlantique, la portion occidentale de la colonie du Cap, les Karrous et la plus grande partie du désert de Kalahari forment le domaine de la race hottentote, comprenant les Namaquas, les Corannas, les Gonaquas, au nombre d'environ 120 000, dont 100 000 dans la colonie du Cap. On rencontre dispersés dans les parties les plus désolées du pays, notamment près du désert de Kalahari, quelques milliers de Bushmen, race presque naine que certains ethnographes rattachent à celle des Hottentots, parmi lesquels on peut aussi comprendre les 25 ou 30 000 Damaras des montagnes (*Berg Damaras* des Boërs), jadis conquis par les Hottentots et ayant adopté leur langage.

Au point de vue des rapports entre indigènes et Européens, les Hottentots ne sont plus à craindre. En contact avec les blancs depuis deux siècles, ils ont, en grande partie, abandonné leur idiome pour celui des Hollandais, dont ils n'ont guère eu pourtant à se louer, car avant l'occupation anglaise ils étaient traités à peu près comme des esclaves.

Dans la moitié orientale, au contraire, se trouvent plus de deux millions d'êtres humains, appartenant tous à la race Bantou, sauf dans un coin de la Cafrerie où quinze à vingt mille Grikouas ou « Bastards », race métisse issue des relations entre Hollandais, Hottentots et anciens esclaves de diverses origines, se sont établis, en 1852, sous la conduite de leur chef Adam Cok. Une autre tribu de Bastards, conduite par Waterboër, se fixait, à la même époque, dans la contrée qui a pris d'eux le nom de Grikoualand-Ouest, et où, en 1867, ont été découverts les fameux « champs de diamants ». Cette dernière région a été annexée au Cap en 1877.

Les grandes subdivisions de la race Bantou sont, outre les Herréros, les Cafres proprement dits, qui se désignent eux-mêmes par le nom d'Amakosas ou Amaxosas, les Zoulous et les Betjuanas. Chacune de ces familles de peuples se subdivise à son tour en nombreuses tribus, dont nous allons énumérer les principales, en allant du sud au nord.

Dans la partie orientale du Cap, on trouve d'abord les Gaïkas, Slambis, Tamachas, etc., appartenant à la famille des Amakosas, établis entre les rivières Grand-Fish et Kei, au nombre de plus de 150 000. Là aussi sont les Fingos, tribus des Ama-Zoulous, jadis esclaves des Amakosas et affranchis par les Anglais en 1835. A cette époque, ils ne comptaient que 16 000 individus; ils sont aujourd'hui 73 000. Dans les districts voisins du pays des Basoutos vivent quelques milliers de Betjuanas; on rencontre, en outre, dans presque tous les districts de la colonie, des Cafres de toutes les tribus employés comme journaliers, bergers, etc. Le nombre de ces « isolés » est de 40 000 à 50 000. Il faut y ajouter environ 80 000 individus de sang mêlé.

En passant la Kei, dans la Cafrerie jadis indépendante, on rencontre les Tembous, les Galékas, tribu du chef Kreli, soumis seulement il y a deux ans par les Anglais, les Bomvanis, les Ama-Pondos, en tout, jusqu'à la frontière de Natal, 250 à 300 000 habitants, presque tous Amakosas, sauf quelques milliers de Fingos, et les Grikouas dont nous avons parlé plus haut.

Les 300 000 indigènes de Natal sont des émigrés du pays des Zoulous; on n'en comptait que 80 000 dans cette colonie lorsque les Anglais l'occupèrent en 1843. Bien qu'ils se soient réfugiés sur le territoire britannique précisément pour échapper au despotisme des prédécesseurs de Cettihouaïo, on peut toujours craindre de leur part un de ces brusques revirements, si communs chez les peuples peu civilisés, surtout lorsque leurs maîtres et protecteurs ont subi quelques revers.

Quant à la famille des Betjuanas, elle comprend les 128,000 Basoutos, directement administrés depuis 1868 par les autorités anglaises, et parmi lesquels sont établies depuis plus de vingt ans des missions françaises protestantes, qui ont fait faire de réels progrès à ce peuple, fort supérieur, paraît-il, aux autres Cafres, mais autrefois adonné au cannibalisme; les 15000 Barolongs, qui occupent, sous la suzeraineté nominale de l'État libre d'Orange, un district où se trouve la curieuse ville nègre de Thaba Nchou; presque toutes les tribus indigènes de l'intérieur du Transvaal, évaluées très diversement, par les uns à 300,000 par les autres à 700 000 individus, parmi lesquels les Bapédis, tribu de 15000 guerriers, sous un chef remuant nommé Sécocoéni; enfin, sur le versant oriental du Drakenberg, les tribus des Souazis et des Ama-Tongas, limitrophes et ennemis des Zoulous.

Le nombre des Zoulous proprement dits est évalué à environ 400 000 individus, placés sous la domination de Cettihouaïo, fils et successeur de Panda, dont il est question dans le livre de Baldwin.

Deux grandes tribus, placées en dehors des territoires actuellement soumis à l'influence britannique, les Tabelés, qui habitent entre le Limpopo et le Zambèze, et les tribus qui s'étendent dans le voisinage des établissements portugais, de la baie Delagoa à l'embouchure de ce dernier fleuve, sous la domination du chef Umzeila, appartiennent également à cette famille des Zoulous, la plus puissante du sud-est de l'Afrique.

Le régime politique de ces Zoulous, que le voyageur allemand Ernest von Weber considère comme l'aristocratie physique et intellectuelle de la race Bantou, leur régime politique est, nous avons à peine besoin de le dire, le despotisme africain dans ce qu'il a de plus absolu. Au commencement de ce siècle, ils vivaient de la vie demi-pastorale et demi-guerrière qui était celle de toutes ces tribus à l'état d'indépendance, lorsqu'un de leurs chefs nommé Chaka, s'étant emparé du pouvoir, créa de toutes pièces, en quelques années, l'organisation redoutable dont, après lui, ses successeurs, Dingâan, Panda et enfin Cettihouaïo, ont maintenu la tradition.

C'est contre Cettihouaïo seul que sont actuellement dirigées les hostilités ; mais il est à craindre qu'en cas de revers les Anglais n'aient à lutter contre toutes les fractions de la famille des Zoulous.

L'extension progressive de la colonie du Cap causait depuis longtemps de l'ombrage aux Zoulous du roi Panda.

L'annexion du pays des Grikouas et de la république du Transvaal mit le comble aux appréhensions qu'ils éprouvaient relativement à leur propre territoire.

Dans le but d'échapper aux étreintes de l'Angleterre, ils complétèrent leur organisation militaire, sous l'impulsion de Cettihouaïo.

AVANT-PROPOS.

Depuis 1861, époque de son accession au pouvoir, ce chef énergique ne cessa de préparer les hostilités qu'il désirait. Il provoqua et encouragea ouvertement des excursions armées sur le territoire de la colonie, et se garda bien de répondre aux sommations comminatoires qui lui furent adressées par les autorités britanniques.

Un pareil état de choses ne pouvait se prolonger. Le 12 janvier 1879, deux colonnes anglaises pénétrèrent dans le pays des Zoulous.

Dix jours après, le 22 janvier, Cettihouaïo, qui avait manœuvré de façon à couper ces deux colonnes, tomba, avec 15 000 hommes, sur celle du colonel Glym et l'anéantit complètement. Cette colonne était formée par le 24ᵉ de ligne, l'un des plus braves régiments de l'armée anglaise.

Le résultat final de la lutte n'est pas douteux ; mais l'ennemi est redoutable et l'Angleterre ne pourra le réduire qu'au prix de beaucoup de sang et de beaucoup d'argent.

HIPPOLYTE VATTEMARE.

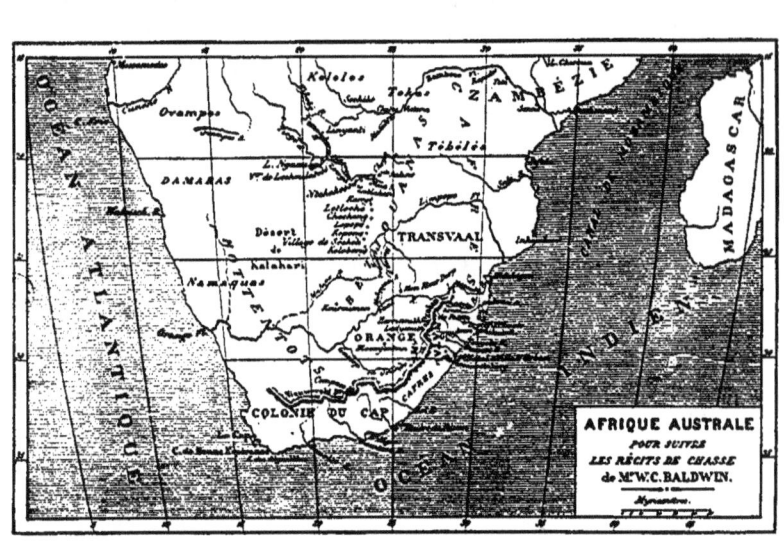

W. C. BALDWIN

CHAPITRE PREMIER

DU NATAL AU PAYS DES ZOULOUS

Dès que fut arrêtée sa résolution de se rendre en Afrique, Baldwin ne perdit pas un moment pour faire ses préparatifs de départ.

Ils furent promptement achevés, le peu qu'il emportait se composant de fusils, de carabines à canon rayé, de selles et d'autres objets du même genre. La seule partie dispendieuse de sa cargaison consistait en sept chiens courants, dépense inutile : car les deux meilleurs ne tardèrent pas à mourir ; les plus jeunes, s'étant mieux acclimatés, lui rendirent quelques services, mais succombèrent peu de temps après. Il apprit ainsi, à ses dépens, qu'il est parfaitement inutile d'amener du dehors ce qu'on peut trouver dans le pays où l'on se rend.

Il arriva à Port-Natal en décembre 1851, après une traversée de quatre-vingt-douze jours.

Aussitôt après son arrivée, il se fit présenter à un M. White, surnommé l'Éléphant, soit en raison de sa grande taille (1 mètre 92 centimètres), soit à cause de la renommée qu'il avait acquise à la chasse de l'animal dont il portait le nom.

Ce personnage préparait, en ce moment même, une expédition chez les Zoulous. Baldwin demanda à en faire partie et, grâce à ses chiens, sa requête fut immédiatement acceptée.

Cette expédition avait pour but la chasse à l'hippopotame.

« Ces vaches marines, comme on les nomme à Natal, dit Baldwin, abondent dans la baie de Sainte-Lucie, précisément à l'époque la plus malsaine de l'année ; comme s'il n'y avait pas, dans cette terre oubliée de Dieu, assez de privations à subir, assez de périls quotidiens, sans aller chercher la mort de propos délibéré ! Si quelques vieilles têtes s'étaient trouvées sur les épaules de cette jeunesse entreprenante, je n'aurais sans doute pas à dire que, de neuf chasseurs que nous étions au départ, tous pleins de vigueur et d'espoir, nous revînmes seuls, Gibson et moi, après un long séjour dans les kraals des Cafres, où l'épuisement et la maladie nous avaient retenus.

» Il y avait trois semaines que j'étais débarqué lorsque nous partîmes pour cette chasse désastreuse : sept hommes blancs, une compagnie d'indigènes et trois chariots. A cette époque, les ordonnances relatives aux munitions étaient sévèrement exécutées : on fouillait les voitures, et personne ne pouvait franchir la frontière, ni même sortir de la ville, avec plus de quatre kilos et demi de poudre. Chacun de nous portait donc, en surplus de ses armes, la quantité permise, emballée dans une espèce de havresac ; et nous gardâmes cette poudre sur le dos jusqu'à ce que nous eussions passé la Touguéla, rivière qui forme la limite septentrionale de la colonie, à 112 kilomètres au nord de Durban, capitale du Port-Natal. Une fois de l'autre côté de la rivière, on n'avait plus rien à craindre, et nous nous débarrassâmes de ce dangereux fardeau en remisant la poudre dans les chariots.

» Deux compagnons nous attendaient sur les bords de la Touguéla : un Écossais du nom de Monies, fameux chasseur, plein d'expérience, mais audacieux jusqu'à la folie, et Price, l'un des hommes les plus charmants, les plus distingués qu'on pût voir, et qui, je le crois, était fils d'un banquier de Londres. Ils sont morts tous les deux, pauvres garçons ! morts de la fièvre, ainsi que nos compagnons Arbuthnot et Mac Queen, avant la fin du deuxième mois. »

C'était, comme nous l'avons dit, la mauvaise saison. La caravane circulait sur des chemins défoncés, à travers des rivières débordées.

Quand la nuit avait été pluvieuse, on se retrouvait le matin dans une véritable mare, ayant aux pieds un monceau de Cafres enveloppés dans leurs couvertures, dormant pêle-mêle comme des loirs, sans que rien pût troubler leur sommeil, et à la tête une masse de chiens, trempés, crottés, rêvant et frissonnant. L'herbe, d'une hauteur prodigieuse, était si bien saturée d'eau qu'il aurait autant valu se promener dans la rivière que d'entrer dans ces fourrés; et il ne servait à rien de changer de vêtements pour en prendre de plus secs.

Le 7 janvier 1852, on tua le premier hippopotame ; c'était une jeune femelle. La chair, excellente, avait à peu près le goût du veau.

Le 12, de très grand matin, on était en marche; toute la bande fut mise en émoi par la vue d'un gros éléphant mâle, qui traversait la plaine à quatre cents pas, sans se douter d'aucun péril. On se précipita vers les fusils qui étaient suspendus aux flancs des chariots; l'émotion était si vive que chacun, excepté White, oublia sa giberne, et partit sans faire provision de balles.

Baldwin était à pied avec trois autres; ils couraient de toutes leurs forces; la bête, qui marchait contre le vent, n'entendait rien. Lorsqu'il n'y eut plus qu'une vingtaine de mètres entre elle et les chasseurs, White se mit à crier; l'éléphant décrivit un demi-cercle, et la carabine rayée de White se fit entendre.

Le coup d'Arbuthnot et celui de Baldwin atteignirent la bête derrière l'épaule; Ellis tira de même, avec un petit fusil babillard qui ne portait que des balles de cinquante à la livre. Pendant ce temps White rechargeait son arme, et l'éléphant se demandait s'il devait partir ou charger. Mais le vieux chasseur l'ayant frappé juste au milieu de l'omoplate, l'animal se retourna, en poussant un cri terrible, et s'enfuit rapidement, bien qu'il fût estropié.

A la fin, Ellis et Baldwin, aidés de Fly, le chien de ce dernier, l'acculèrent dans les roseaux, à près de 5 kilomètres du point de départ. Ellis, profitant d'une roche dont il avait gagné le sommet, en tira, avec son joujou, pas moins de dix-neuf balles, qui furent, pour la plupart, retrouvées dans l'oreille de la bête. Enfin, White arriva et décida la victoire par son quatrième coup de fusil.

Le 14, la caravane se trouvait à l'embouchure de l'Omlilas. Comme la marée montait, elle dut rester sur le bord en attendant le reflux.

Ce fut l'occasion d'un grand plaisir; des oiseaux d'eau en masse, et pas du tout farouches; Baldwin en ramassa autant qu'il en put mettre à sa ceinture.

Comme le soleil baissait, il vit les chariots sur les collines de l'autre rive; le gué était loin, il entra dans la rivière à l'endroit où il se trouvait, bien qu'il y eût aperçu de nombreux crocodiles. Il gagna une espèce d'îlot; à peine si ses genoux étaient mouillés; mais en face de lui courait une eau profonde ayant une largeur de trente mètres.

Il avait de grosses bottes, son fusil, ses munitions, tous les oiseaux qu'il venait de tuer; son costume, il est vrai, n'était pas lourd : une chemise et une paire de guêtres; bref, il risqua l'aventure.

Il nageait avec une sage lenteur, craignant de perdre son fusil, qui était sous son menton, et il allait réussir, quand il vit la tête d'un énorme crocodile qui se dirigeait vers lui. Il se précipita vers la rive qu'il atteignit à demi suffoqué, mais ayant perdu son excellent fusil.

Le 18 janvier, les chariots se séparèrent; deux d'entre eux se rendirent au marché du roi et l'autre accompagna les chasseurs, qui ne tardèrent pas à atteindre les bords de l'Omphilosie.

Ce fleuve, la Sainte-Lucie de nos cartes, va se jeter dans la baie de même nom. Il est composé, à 75 kilomètres de la mer des Indes, par l'Omphilas-Mouniama [1] (Rivière Noire), qui doit son nom aux galets noirs dont son lit est jonché au

CHASSÉ PAR UN CROCODILE.

point d'influer sur la couleur apparente de ses eaux, et par l'Omphilos-om-Schlopu (Rivière Blanche) qui roule sur un lit de sable éclatant de blancheur.

Quand on arriva au fleuve, le bateau fut tiré du chariot qui le contenait et les chasseurs en prirent la place. Les bords de

1. En langue cafre, *omphilos* signifie rivière; chez les Zoulous seuls ce mot est prononcé de neuf façons différentes : *omflene, omfilène, omflos, umfilos, omrolos, omfolosie, folos, rolos* et *rolosie*. Cet exemple suffit pour expliquer les différences de l'orthographe donnée aux noms propres par les voyageurs africains.

ce cours d'eau étaient tellement infestés de moustiques, qu'on alluma des bouses sèches dans des pots, qui étaient ensuite transportés au fond du chariot[1]. Il fallait choisir, en effet, entre être dévoré ou être suffoqué. La seconde alternative eut la préférence; mais personne ne put dormir et on attendit avec impatience la venue du jour, moment où les moustiques disparaissent.

Le 24, on lança le premier bateau qu'eût jamais porté l'Omphilosie.

Le 30 janvier, Price, Arburthnot et Monies, désignés par le sort, se rendirent à la baie de Sainte-Lucie. Pendant ce temps, Baldwin était, avec Gibson et les Cafres, dans les fourrés.

Il ne comprenait pas un mot de ce que disaient ceux-ci; mais il conclut, d'après leur pantomime, qu'il devait se placer dans un petit arbre épineux situé sur la rive d'un lac rempli de roseaux.

Les Cafres s'éloignèrent, et il s'endormit profondément. Tout à coup il fut réveillé par Gibson, qui se hâtait d'escalader la colline et lui criait vivement de le suivre. Il ouvrit les yeux et vit un énorme buffle, que poursuivaient les Cafres, et qui se dirigeait vers lui. Il arriva tête baissée, franchit encore vingt mètres avant de l'apercevoir, hésita un moment, plongea dans les roseaux, entra dans le lac et, faisant jaillir autour de lui, comme une ondée de cristal, l'eau qui lui venait aux genoux, passa d'un trot rapide à vingt-cinq pas de l'endroit où Baldwin se trouvait. La balle lui cassa l'échine, par hasard, et il tomba en mugissant comme un bouvillon.

Les Cafres, survenant pêle-mêle, lui lancèrent une vingtaine de sagaies qui l'achevèrent, et parurent complimenter beaucoup Baldwin de sa prouesse. C'était lui faire trop d'honneur, car, ne sachant pas pourquoi on l'avait placé là,

---

[1]. L'usage de la fumée des bouses incandescentes pour chasser les moustiques se retrouve sur le Nil Blanc.

et réveillé en sursaut, l'imprévu de la situation l'avait saisi et il avait mal tiré.

Le sommeil encore faillit lui jouer, une autre fois, un plus mauvais tour.

On chassait alors l'hippopotame dans la baie de Sainte-Lucie où s'étaient rejoints les compagnons. Baldwin avait

BALDWIN ENDORMI SUR UN ILOT.

été débarqué sur un lit de roseaux; la chaleur était extrême et il venait d'avoir son premier accès de fièvre. Se trouvant fatigué, il coupa un fagot d'herbes, s'y assit, les pieds trempant dans l'eau, et ne tarda pas à s'endormir.

Pendant ce temps-là, Monies et Arbuthnot poursuivaient des hippopotames; ceux-ci fuyaient, montrant de fort belles têtes, et ses amis ne pouvaient comprendre pourquoi Baldwin ne tirait pas. Monies l'appelait vainement et se demandait où il pouvait être, lorsqu'il remarqua les allées et les venues de quatre énormes crocodiles qui passaient et repassaient devant un îlot et semblaient y guetter quelque chose.

Il poussa le bateau de ce côté-là, et trouva Baldwin dormant à quinze mètres de ces aimables compagnons, qui s'apprêtaient à déjeuner de sa personne. Toute la sympathie que devait inspirer cette situation périlleuse se traduisit par une semonce qui lui fut adressée pour avoir dormi au lieu de tuer un couple d'hippopotames; mais il était trop reconnaissant pour se fâcher de l'algarade.

A quelque temps de là, toujours à l'embouchure de la Sainte-Lucie, il avait tué une oie sauvage; dérivant à merveille, elle se dirigeait de son côté, lorsqu'il la vit disparaître. Il supposa que, n'étant pas morte, elle avait plongé, et ne s'en occupa plus.

Les oies étaient nombreuses, il en tua une seconde; elle disparut de la même façon. Il en tira une troisième, mais, déterminé cette fois à garder sa pièce, car il n'avait pas déjeuné, il allait à sa rencontre, armé d'une pesante baguette de fusil. Il avançait avec fracas, se démenant et criant pour effrayer les crocodiles, quand, juste au moment où il allongeait la main afin de ramasser son oie, celle-ci plongea comme les deux autres. Criant plus fort, il saisit son oie par la patte; elle se divisa immédiatement, les cuisses, le dos et quelques intestins lui échurent, tandis que le crocodile gardait la meilleure part et recevait trois coups violents sur le nez. Il regagna prestement le rivage, mais ce n'est que plus tard qu'il sentit combien il l'avait échappé belle.

« On ne fait ces choses-là qu'à une certaine époque de la vie, écrit philosophiquement Baldwin, et le bonheur avec lequel on s'en tire est merveilleux. Les années vous donnent ensuite de l'expérience et vous rendent non moins prudent que ceux qui autrefois vous paraissaient timides. Vieux ou jeune, il est également difficile d'atteindre ce juste milieu, qui, à la chasse comme en tout le reste, est le plus sûr moyen d'arriver au but, c'est-à-dire de ramasser la proie. »

Le 18 février, Baldwin fut pris d'un violent mal de tête accompagné de vertiges. On le laissa dans un kraal avec un petit sac de riz et son Cafre, nommé Inyati ou le Buffle.

C'était un garçon magnifique : presque deux mètres de haut, quoique très jeune; un superbe échantillon de sa race. Il soignait son maître avec la douceur qu'on a pour un enfant; rien ne surpasse l'attention avec laquelle il prévenait tous ses besoins, et plus d'une fois il risqua sa vie pour lui être utile.

Monies avait prié le chef du kraal de fournir au malade du laitage, et avait promis en échange de lui donner sa couverture. Le chef avait accepté; mais il oubliait son engagement; et le pauvre Inyati allait toutes les nuits, dans le parc au bétail, chercher une pinte de lait que Baldwin buvait jusqu'à la dernière goutte, afin de ne pas le trahir; car, si on l'eût découvert, il aurait été puni de mort, seul châtiment qu'administrent les Cafres.

Pendant le jour, ce fidèle compagnon courait le pays pour trouver des fruits sauvages.

Heureusement, Baldwin avait emporté une pharmacie; et il avalait force émétique, ipécacuana, sulfate de magnésie, poudre de Dower, calomel, etc.; mais, ne connaissant ni l'effet de ces drogues, ni la dose qu'il fallait prendre, il se fit plus de mal que de bien.

Il passa huit jours ainsi, étendu sur l'aire glacée d'une hutte, ayant pour se réchauffer une simple natte et une couverture; puis il alla rejoindre la bande, qui avait tué pendant ce temps-là une vingtaine d'hippopotames.

Il retrouva les choses en bien meilleur état : une espèce de camp avait été érigé sur une hauteur qui dominait la baie, en face de l'endroit où débouche la Sainte-Lucie. L'établissement était composé de hangars, de séchoirs pour la viande, d'une cabane en roseaux où l'on se trouvait presque à l'abri de l'eau du ciel, mais terriblement mouillé par le bas quand la pluie avait été abondante. On y entendait chaque nuit la voix des hyènes et des lions.

Le 21 février, pendant une de leurs expéditions sur le fleuve, les chasseurs faillirent être précipités dans l'eau.

L'un d'eux, Monies, avait blessé d'un coup de feu un jeune hippopotame qui vint se débattre près du bateau en poussant d'affreux beuglements. La mère accourut, se rua avec fureur sur l'embarcation, en mordit vigoureusement le bordage et la secoua avec tant de violence que l'eau y pénétra et menaça de la faire chavirer. A ce moment suprême Monies fit feu, et sa balle traversa les poumons du monstre qui lâcha prise immédiatement et fut, peu après, repêché par les chasseurs.

Edmondstone, l'un des engagés blancs de White, arriva le 9 mars. Il apportait l'ordre d'envoyer immédiatement à l'entrepreneur l'ivoire, la graisse, le lard, etc., provenant de la chasse, c'est-à-dire les dépouilles de cinquante-cinq hippopotames et celles d'un éléphant.

Les Cafres partirent le 11, pesamment chargés, et le bateau fut ramené à l'embouchure de l'Inyélas.

Baldwin n'arriva au lieu de rendez-vous que le 15; accablé par le voyage, il respirait à peine. Son serviteur Inyati marchait devant lui, portant tous ses bagages, excepté son fusil qu'il était obligé de traîner. Souvent, à bout de forces, il tombait sous un arbre, et y restait sans pouvoir se relever. Inyati l'appelait, criait, se fâchait en vain et continuait sa route. Le pauvre garçon ne portait pas moins de trente-six kilos, y compris une énorme calebasse remplie de la graisse dont les Cafres s'enduisent la peau, et à laquelle Inyati attachait une immense valeur. Il ne pouvait donc prêter à son maître aucune assistance; mais son départ n'était qu'une feinte. Le brave garçon revenait bientôt et restait immobile jusqu'au moment où Baldwin se remettait sur ses pieds.

CHASSE A L'HIPPOPOTAME SUR LA RIVIÈRE SAINTE-LUCIE.

C'est dans ce piteux état, que tous ses compagnons partageaient plus ou moins, que la caravane reprit la route de la côte de Natal.

Le 21 mars, Arburthnot mourut. On pressa la marche pour pouvoir soigner les autres; mais, à 60 kilomètres de Durban, la capitale de la colonie de Port-Natal, Price expira. Le lendemain ce fut le tour de Monies, qui avait été subitement saisi d'une fièvre des plus malignes; jusque-là il n'avait jamais eu même une heure de maladie. Mac Queen put arriver jusqu'à Durban; mais il succomba quelques jours après.

Ainsi, des sept Européens partis, pleins de santé et de vie, deux mois auparavant, il n'en restait plus que quatre: Baldwin, Gibson et les deux frères Edmonstone! Encore étaient-ils si malades, qu'il leur fallut près d'un an pour recouvrer la santé.

Cependant, au bout de quelques semaines, Baldwin put aller rejoindre White sur les hauteurs de l'Inanda, à 15 kilomètres de la mer et à 35 kilomètres de Durban.

« Je me trouvais, dit Baldwin, dans une ferme d'environ quatre mille hectares dont les bâtiments étaient en clayonnage et en pisé. J'y vécus dans une solitude à peu près complète, si toutefois on peut dire que c'était vivre, et j'y passai deux ans, même davantage, à vendre aux Cafres les bestiaux que White se procurait chez les Zoulous, et qu'il m'envoyait ou qu'il amenait lui-même. J'y ai fait des ventes de quarante et quelques bœufs par jour; et il m'est arrivé d'avoir plus de six cents têtes de gros bétail à la fois, valant, à cette époque où la pleuropneumonie était inconnue[1], de onze à cinquante francs par tête, que les Cafres du Natal nous payaient en numéraire. »

Baldwin mena dans ce lieu une existence dont la monotonie devait avoir quelque chose d'horrible pour un caractère d'une aussi dévorante activité. Il était rare qu'il pût décider quelqu'un à le venir voir, n'ayant à offrir à ses visiteurs, pour

---

1. Inflammation simultanée des poumons et des membranes qui les entourent (plèvre).

les attirer et les retenir, que des volailles étiques, du bœuf salé, du riz, un pain mal cuit, quelquefois de l'antilope, des perdrix et de l'outarde; et pour unique boisson, du thé, du café et du lait dont se gorgeaient les Cafres et les chiens. Ses deux ou trois chevaux, sa meute de chiens, ses fusils l'aidaient bien à passer sa journée; mais il lui fallait subir la longueur des soirées, les rugissements de ses Cafres se prolongeant parfois jusqu'à minuit, les rats, qui criaient, grattaient et rongeaient partout, les fourmis blanches, qui avaient mis en lambeaux tout ce qu'il avait apporté et minaient rapidement les murailles.

Se décidant à rompre définitivement avec cette vie odieuse et à reprendre ses courses aventureuses, il ferma son établissement et le quitta pour n'y plus revenir.

Le 15 juillet 1853, Baldwin et Gibson partaient pour le pays des Zoulous, tous deux à cheval et suivis de deux chariots traînés par des bœufs.

Madame Henriette Loreau, dans sa traduction du livre de Baldwin, donne sur ces chariots de curieux renseignements.

« L'extrémité du timon, dit-elle, reçoit une grande longe à laquelle s'attachent les douze bœufs, quelquefois dix-huit ou vingt. Dans les endroits difficiles, quand, par exemple, on descend une cascade de pierres, bordée d'un précipice, ou quand la plaine est profondément ravinée, couverte des édifices des termites ou fouillée par des animaux souterrains, un homme prend la courroie qui est attachée aux cornes des bœufs de tête et il dirige l'attelage. Sur le siège est le cocher armé du chambok, destiné aux bœufs qui sont près de lui, et d'un fouet dont le manche a six mètres de longueur, et la courroie neuf mètres. Cette arme puissante, dont le claquement équivaut à la détonation d'un fusil, permet d'atteindre jusqu'au bout de l'attelage et ne tarde pas à être si bien connue des bœufs qu'il suffit de crier les noms des pauvres bêtes pour s'en faire obéir. Qu'on se figure la difficulté de conduire une telle file de bœufs traînant une longue et pesante machine par monts et par vaux, et l'on comprendra que cette besogne soit à la fois pleine d'intérêt et d'émotion. »

Le 22 juillet, les deux compagnons arrivaient à la Touguéla, frontière septentrionale de la province. Le fleuve avait 800 mètres de largeur; mais l'eau était basse et le passage se fit sans accident.

« Ici, dit Baldwin, le gibier est rare et farouche; mais nous sommes bien approvisionnés d'amas[1], de lait, de sorgho, de tchualla[2], en un mot de tous les produits cafres; l'achat de ces denrées nous procure des scènes divertissantes.

« Nous examinons aussi avec curiosité le soufflet de deux forgerons indigènes, qui essayent de réparer l'un de nos chariots. Cet instrument est composé d'un tuyau d'argile, et de deux cornes de vache, fixées à deux sacs en cuir, que l'on ferme tour à tour. Son emploi exige une certaine adresse; mais, habilement conduit, ce soufflet donne réellement un bon courant d'air et embrase le bois en quelques minutes.

» Nous avons, le 7 août, gravi la montée pierreuse où réside Panda, une des plus mauvaises routes que nous ayons jamais vues. Le chariot arriva sain et sauf, mais c'est tout ce que vingt-deux bœufs avaient pu faire que de le traîner jusqu'au sommet; il est vrai que les pauvres bêtes ne jouissaient pas de tous leurs moyens; la plupart avaient la langue et les pieds malades[3].

» Le lendemain, nous apercevions Nedouingou, la demeure du chef, vingt-quatre kilomètres avant d'y arriver, à cause des montagnes qui nous en séparaient; la maladie des bœufs nous faisait marcher très lentement. »

1. Lait caillé.
2. Bière cafre. Est-elle, comme le boyalo ou oalo des Kololos, brassée avec de la farine de sorgho?
3. La dernière de ces deux affections est le *klauw siekt* des Boërs; dans cette maladie, la partie postérieure du sabot se détache, ce qui donne aux bœufs l'air d'être en savates. Malgré la douleur qui en résulte pour l'animal, les Boërs pensent que la marche, en pareil cas, est moins nuisible qu'un repos absolu.

Depuis quelques jours, Baldwin avait rejoint White et ses compagnons et, le 12 août, après avoir traversé l'Omphilosie, les chasseurs allèrent camper à un kilomètre et demi du kraal du chef Panda, qu'ils se proposaient de visiter le lendemain.

Mais la Majesté noire, après avoir reçu, par l'intermédiaire de son premier ministre, les couvertures et les grains de verre qui lui étaient destinés, fixa l'audience au 31 août.

Au jour dit, White, Baldwin et les autres, montèrent à cheval de bonne heure et se rendirent au kraal, vaste circonférence de 4 kilomètres et renfermant environ deux mille cases.

Ils s'étaient trop hâtés; le roi dormait et les fidèles qui l'entouraient n'osaient troubler son sommeil. Dépités, les chasseurs retournèrent à leur campement, incendièrent leurs cases et se mirent en marche pour reprendre leur voyage.

Ils avaient à peine parcouru 3 kilomètres, qu'ils furent rejoints par un capitaine du roi. Celui-ci était furieux, et jurait par les os de Dingaan, de Djakka[1], et d'autres guerriers célèbres, que si les blancs ne revenaient pas au kraal, un *impi* (régiment de 500 hommes) fondrait sur eux et les massacrerait tous. Le capitaine, dont l'excitation était extrême, ne voulut pas que l'on dételât les bœufs ni qu'on s'arrêtât un instant. Montrant un ruisseau coulant à vingt pas, il dit que

---

1. Contemporain de Napoléon, ce chef organisa les Zoulous et en fit une nation forte et guerrière. — Persuadé que les chaussures nuisent à la rapidité de la marche, il interdit l'usage des sandales; et, depuis cette époque, les Zoulous vont pieds nus. Jusqu'à lui, la sagaie était une arme de jet; il ordonna à ses guerriers de n'en prendre qu'une seule et de la représenter à la fin du combat, teinte du sang de l'ennemi. La moindre infraction à ses ordres étant suivie de mort, on n'avait garde de lui désobéir. Tout guerrier brisa donc la hampe de sa lance afin de la manier plus facilement, et désormais la lutte eut lieu corps à corps. Les régiments, composés de mille guerriers, sûrs de mourir s'ils n'étaient victorieux, furent invincibles, et auraient, suivant le capitaine Jarvis, détruit un million d'hommes. Après douze ans de despotisme, Djakka, monté sur le trône par le meurtre de son père, fut assassiné et remplacé par son frère Dingaan. Celui-ci, dont les caprices ne furent ni moins despotiques ni moins cruels, ne manqua pas d'être à son tour détrôné par Panda.

la première tentative de passage serait le signal de l'attaque.

Les chasseurs étaient au pouvoir des Cafres ; le courage n'excluant pas la prudence, ils se soumirent à la violence qui leur était faite et revinrent sur leurs pas. Cette obéissance était politique : Panda s'était toujours opposé à l'itinéraire choisi par les chasseurs et, selon White, c'eût été folie que de choisir la route qui leur était précisément défendue.

Revenus au kraal, ils passèrent pendant près de deux cents mètres entre une double haie d'hommes superbes, armés de sagaies, de boucliers, de couteaux et de massues, pressés les uns contre les autres, et n'attendant qu'un signe du roi pour les exterminer.

La péripétie était émouvante et White la ressentait plus que personne, peu habitué qu'il était à plier devant un Cafre.

Le premier ministre vint à la rencontre des chasseurs ; c'était un homme gros et gras, de joyeuse humeur, et l'affaire s'arrangea à l'amiable. Cependant la région où la bande rêvait depuis si longtemps de pénétrer leur fut interdite. Panda ne leur permit de chasser que dans la forêt de Slatakoula, où il savait bien qu'on trouvait rarement un éléphant qui valût un coup de fusil.

L'un des chasseurs, nommé Clifton, qui avait envie de connaître ce malin sauvage, lui fit remettre de nombreux présents en perles et en couvertures. Panda accepta le cadeau ; mais il répondit à ceux qui lui demandaient une audience pour le donateur :

« Je n'ai rien à lui dire ; me prend-il pour une bête curieuse, qu'il est si désireux de me voir ? »

Par le fait, il ne se laissa approcher que par White et par l'interprète.

Le 4 septembre, la caravane partit pour la forêt de Slakatoula, où elle n'avança que lentement, forcé que l'on était d'ouvrir aux chariots un chemin à coups de hache.

Le 10, elle se trouvait en face de l'Omphilosie noire, qu'elle

RETOUR FORCÉ AU KRAAL DE PANDA

traversait le lendemain. On s'installa dans un kraal de Zoulous.

Là, le convoi se divisa. White, avec quelques chasseurs, partit pour affaires de commerce; Baldwin et Clifton restèrent au kraal avec l'intention d'y chasser pendant quelque temps.

Ils tuaient des élans et des buffles et ne se reposaient guère. Il leur fallait non seulement approvisionner leur propre table, mais encore rassasier leur escorte de Cafres et alimenter les indigènes qui venaient leur dire qu'ils avaient faim.

Le 15 septembre, comme ils cheminaient, arrive un vieux buffle, qui se dirigeait du côté d'un hallier. Pressant son poney Billy, Baldwin se lance à sa poursuite et lui envoie une balle qui lui casse une jambe. L'animal, boitant très bas, va se placer sous un arbre. Tandis que Baldwin se met de côté pour le prendre en flanc, le buffle le charge avec tant de fureur que son cheval pirouette sur lui-même avec la rapidité d'une balle, s'enfuit à travers bois et lui fait sauter son fusil des mains. Il est cinglé par les branches; l'une d'elles le frappe en pleine poitrine, sans le désarçonner, heureusement.

Le buffle en fureur n'est pas à deux pieds des talons de Billy, et cette chasse se prolonge sur une longueur de 400 mètres. Enfin, Baldwin réussit à se détourner; il retrouve son fusil et court rejoindre le buffle au milieu des buissons. Il tire une seconde fois; le buffle s'élance de nouveau pour l'attaque, mais, n'osant pas se découvrir, il bat en retraite et disparaît. Baldwin fait un détour qui les remet en présence; l'animal l'a vu et prend l'offensive; mais ils sont maintenant en lieu découvert, et c'est l'homme qui a l'avantage. Baldwin permet donc à l'animal d'approcher; cependant, comme celui-ci persiste à présenter les cornes, il a de la répugnance à se dessaisir de sa dernière balle, et est longtemps avant de trouver un coup à sa guise. Le buffle finit par se placer de côté, et il lui envoie la balle qui l'achève.

Maintenant, pour revenir au camp, Baldwin devait faire

plus de douze kilomètres dans un état pitoyable : il n'avait plus de chapeau, sa chemise était en lanières ; le soleil, d'une effroyable ardeur, lui brûlait tout le corps ; il avait la peau couverte d'ampoules qui lui causaient de vives douleurs, sa gorge et sa langue étaient desséchées par une soif dévorante.

Quand il fut rentré, on le couvrit de la tête aux pieds d'une couche de graisse d'élan qui le soulagea beaucoup ; mais il resta pendant plusieurs jours sans savoir dans quelle position se mettre, en raison de l'étendue des coups de soleil : pas un atome de peau ne lui resta sur le corps.

Il était rétabli et commençait à reprendre ses excursions cynégétiques lorsqu'il eut enfin affaire au roi des déserts africains.

Voici comment Baldwin raconte cette aventure, la plus dramatique qui lui fût encore arrivée depuis son débarquement sur la côte du Natal.

« *29 septembre*. — Les mugissements des bœufs et les aboiements des chiens nous ont réveillés cette nuit. Il ne faisait pas très noir ; je saisis le grand fusil rayé de Clifton, m'élançai au dehors et courus à l'aventure. Bientôt j'aperçus, au sommet d'une hutte de six pieds d'élévation, le cocher de notre chariot qui hurlait pour avoir une capsule. Au moment où j'arrivais près de lui, expirait la voix de notre pauvre bœuf, couverte par le grondement des lions, qui n'étaient pas à quinze mètres de nous, mais que l'obscurité empêchait de voir. Je tirai dans la direction des rugissements, juste au-dessus de la masse du bœuf, qui s'entrevoyait dans l'ombre. Diza, notre cocher, suivit mon exemple, et, comme les lions ne paraissaient pas même s'en être aperçus, je leur envoyai un second coup.

» J'étais en train de recharger mon fusil, quand je sentis que la bête arrivait. Ce fut un éclair. Au même instant, j'étais lancé en bas de la cabane par la tête du lion qui me frappait en pleine poitrine, et me faisait faire une douzaine de culbutes.

» Je fus debout immédiatement, et franchis une palissade qui se trouvait derrière moi; j'avais bien mon fusil, mais le canon était bouché avec de la terre. Je courus alors au chariot et sautai sur le siége; j'y trouvai tous mes Cafres suspendus comme des singes, et Diza perché au-dessus d'eux tous. Par quel miracle celui-ci, qui était tombé avec moi, était-il arrivé là? Je me le demande encore.

» Deux minutes après, un lion emportait l'une des cinq chèvres qui étaient entravées au pied de la cabane dont nous avions été si rapidement éconduits. Croyant être plus heureux cette fois, Diza tira de son poste élevé, et le recul l'ayant rejeté en arrière, il tomba sur la tente, qu'il écrasa dans sa chute, nous donnant le plus singulier des spectacles.

» Ce dernier épisode ayant mis le comble à notre défaite, nous laissâmes les lions achever tranquillement leur repas, qui nous sembla d'une assez longue durée, et pendant lequel ils ne cessèrent de rugir.

» Suivant les Cafres, ils étaient cinq convives. Je tirai de nouveau, mais sans produire aucun effet; et nous restâmes perchés, grelottant de froid, car nous étions nus, jusqu'au moment où l'approche du jour fit battre l'ennemi en retraite.

» J'avais regagné mes couvertures avec bonheur, et je commençais à me réchauffer, quand, un coup double m'ayant arraché à cette béatitude, j'appris que le conducteur de notre chariot et celui de nos chevaux croyaient avoir tué le lion.

» Rendus sur les lieux, nous trouvâmes en effet un lion superbe, à qui une balle avait traversé les côtes: un coup d'adresse, car l'animal se trouvait au moins à cent cinquante mètres. Une autre balle avait pénétré derrière la nuque et, longeant l'épine dorsale, ne s'était arrêtée que près de la naissance de la queue. Comme elle m'appartenait, — c'était l'une de celles que j'avais tirées avec le fusil de Clifton, — j'avais droit à la bête, et je me mis à la dépouiller sur-le-champ.

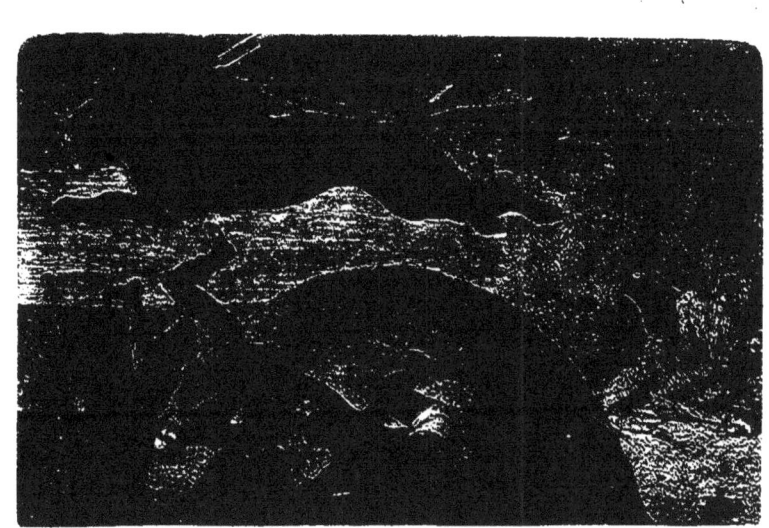

AVENTURE NOCTURNE. (PAGE 35.)

» Diza, qui était avec moi sur la hutte, avait reçu un coup de griffe dans la cuisse au moment où nous avions été renversés et la crosse de son fusil avait été labourée d'une manière effrayante. L'ennemi était dangereux.

» Une vieille Zoulou, femme intrépide, s'était pourtant tenue dans la cabane, sans avoir même une porte qui la séparât des lions, et n'avait pas bougé plus qu'une souris jusqu'à la fin de la crise. »

Baldwin continua à chasser jusqu'à la fin d'octobre.

« Le 19, écrit-il, sortis pour aller chercher un élan[1], Clifton, son Cafre et moi, nous avons pris chacun une route différente. Comme je gravissais une haute montagne après avoir couru longtemps sans rien voir, j'aperçus de loin un troupeau nombreux. Avant que j'eusse pu le rejoindre, il s'était mis en marche; mais, le terrain et le vent m'étant favorables, j'arrivai jusqu'à six cents mètres de la bande, sans qu'elle en prît ombrage. Néanmoins elle était sur ses gardes et, trois indigènes étant venus à passer sur la route, elle s'éloigna rapidement.

» Mon chien, s'élançant au milieu du troupeau, en détacha une femelle et la poursuivit en ligne droite sur un terrain bourbeux. J'étais heureusement du bon côté, et galopant le plus vite possible, j'arrivai à cinquante pas de la bête. « Maintenant ou jamais, » pensai-je. Elle courait comme le vent; je sautai à cheval, et fis feu : j'avais manqué mon coup.

» Comme mon cheval me semblait prêt à fournir une nouvelle course, je le remis sur les traces de la bande et bientôt j'aperçus les élans qui traversaient un marécage, en se dirigeant vers nous. Je parvins à faire traverser la fondrière à Billy et lui accordai une minute pour souffler; ensuite, comme nous avions gagné huit cents mètres, je fus immédiatement

---

1. Fort différent de celui de l'hémisphère septentrional, cet élan est l'antilope *oreas*.

au milieu du troupeau, j'en séparai un mâle, qui bondit, m'entraînant dans sa fuite.

» La distance que nous venions de franchir, et les difficultés de la course à travers un sol défoncé, commençaient à fatiguer mon cheval. Je le sentais redoubler d'efforts, et il m'avait l'air de perdre du terrain. J'arrêtai donc, à cinquante mètres de l'élan; mais j'étais si fatigué que je manquai cette fois encore.

» Néanmoins Billy avait recouvré ses forces avant que mon fusil fût rechargé. Il était si impatient de repartir que j'eus beaucoup de peine à faire descendre ma balle jusqu'au fond; et je n'avais pas le pied à l'étrier qu'il galopait ventre à terre. La bête qui, pendant ce temps-là, chassée par mon chien, fuyait d'un trot soutenu, avait pris une avance de quatre cents mètres.

» Veillant sur mon cheval avec un soin extrême, lui épargnant des efforts en le sauvant des obstacles, je regagnai peu à peu le terrain perdu. Nous courûmes assez longtemps. Tout à coup je vis Clifton et son Cafre déboucher en face de nous. Clifton se détourna pour me laisser l'honneur. L'élan se précipita, lui présentant les côtes à une distance de moins de vingt mètres. Singulière tentation pour un homme qui tient à la main un fusil! Cependant Clifton laissa passer la bête. En voyant d'autres chevaux, Billy fit un suprême effort; il courut droit au vieux mâle. Cheval et cavalier faisaient tout ce que permet la nature. L'élan, jarrets déployés, tendait toutes ses fibres pour gagner la rivière qui n'était pas à cent mètres. Il ne devait pas l'atteindre : je tirai; ma balle, lui traversant la croupe, arriva droit aux poumons, et l'animal tomba mort à quelques pas plus loin.

» Nous ruisselions, Billy et moi, comme un bief[1] de moulin. J'ôtai au cheval la selle et la bride; en un instant, il fut remis.

» Le prix de la victoire était un noble animal, dont la lon-

---

1. Bief ou Biez : canal creusé à côté d'une rivière pour l'usage d'un moulin.

gueur comptait trois mètres non compris la tête. Sous le rapport de la chair, il se trouva de premier ordre. Les Cafres arrivèrent au bout d'une heure; on dépouilla l'élan, qui fut immédiatement détaillé; la graisse fut mise à part, et je revins au camp, ayant en travers de ma selle la poitrine de mon gibier. Quant à nos hommes, ils firent du feu et passèrent toute la nuit en festin, à l'endroit où nous avions fait la curée.

» Le 21, après un déjeuner succulent, composé de langue de buffle et d'un os à moelle [1], je partis, suivi de mon Cafre, qui tenait Billy en main. J'étais résolu à ne monter à cheval que si je voyais un buffle ou un élan, et, comme j'avais l'intention de passer la nuit dehors, j'emportai une couverture.

» Il y avait à peu près trois heures que nous étions en marche, lorsque nous vîmes une belle troupe d'élans dont nous approchâmes sans être aperçus jusqu'à environ cinq cents mètres. Ce n'est qu'au dernier moment que je sautai sur Billy. Parti à fond de train, j'eus bientôt regagné la bande et avisé le plus gros mâle; mon chien et le cheval s'y attachèrent comme des sangsues. L'animal bondissait, dévorait l'espace, et faisait mille efforts pour rejoindre la harde. Ne pouvant y parvenir, il se précipita au bas de la colline en se dirigeant vers la Matakoula.

» J'arrêtai Billy dans les roseaux qui bordent la rivière, et, au moment où la bête reparaissait sur l'autre rive, je la frappai d'une balle au cœur et la tuai sur le coup.

» Après avoir coupé la queue de l'élan en guise de trophée, nous cachâmes la graisse et les meilleurs morceaux sous les pierres; puis, nous chargeant de la poitrine et de quatre os à moelle, nous descendîmes vers l'embouchure de la Mata-

---

1. L'éléphant, l'élan, le rhinocéros et l'hippopotame ont les os celluleux et dépourvus de canal médullaire; toutes les cellules qui les composent sont remplies d'une graisse fine et moelleuse qu'on en retire par ébullition; mais concassés, pour en mettre à nu les alvéoles, et sucés crus, ces os, très recherchés des Africains, sont pour eux une friandise. « J'avoue qu'ils n'ont pas tort, » écrit Delegorgue après en avoir goûté.

koula pour y chercher des hippopotames; mais nous n'en trouvâmes point. »

A la suite de ces deux dernières chasses, Baldwin reprit, avec Clifton, le chemin du Natal. White et les autres chasseurs y étaient déjà retournés, faute de munitions.

Quelque temps après, ils rejoignaient leurs camarades à Durban, et tous se séparaient, la plupart d'entre eux pour ne se revoir jamais.

« L'esquisse de cette première expédition, dit Baldwin, peut donner au lecteur l'idée de l'existence qu'on y mène. Parfois on est assez misérable; mais cette vie errante, pleine d'aventures et d'insouciance, a de grands charmes pour moi. On ne fait que sa volonté, on s'habille comme l'on veut; quand je suis à pied, une chemise à raies bleues et blanches, de grandes guêtres, une paire de souliers et un chapeau forment tout mon costume. »

Le 10 avril 1854, Baldwin se dirigea de nouveau vers le pays des Zoulous, mais avec l'intention d'en dépasser les frontières. Il partit accompagné de trois Cafres et passa la Tougouéla, pour aller rejoindre Edmonstone qui devait l'attendre, avec sa société, à une distance de 40 kilomètres, sur les bords de la Matakoula.

Une fois réunis, les aventuriers se mirent en chasse en poussant toujours devant eux.

Le 23 avril, en s'avançant vers l'Inyésan, ils rencontrèrent et poursuivirent un cochon des bois. La chasse fut des plus animées; le limier Venture fit preuve d'autant de courage que de vigueur, et, avec le concours des autres chiens, il finit par tuer la bête.

« C'est le meilleur porc qu'on puisse imaginer, dit Baldwin : bon état de graisse et chair on ne peut plus succulente. Il est salé en prévision de l'avenir[1]. »

[1]. *Bush-pig*, le *bosh-vaark* des Boërs, le sanglier à masque (*sus larvatus*). — Nous pensons qu'il y a ici méprise de la part de l'auteur, car la chair de cet

Le 9 mai, ils rencontrèrent deux marchands qui s'en revenaient avec leur cargaison, Panda ayant défendu tout commerce. Celui qui enfreignait cette défense était condamné à la peine capitale, et trente hommes, avec leurs femmes, leurs enfants et les membres de leurs familles, avaient déjà été mis à mort. La terreur qui en résulta fut si grande, que personne dans la tribu n'osait approcher du wagon d'un traitant. De leur côté, les marchands avaient reçu l'ordre formel de partir. L'explication qu'alléguait Panda pour ces rigueurs était que deux de ses principaux officiers avaient succombé à la dyssenterie et que cet évènement le plongeait dans l'affliction.

Le 17, étant endormi dans sa case, Baldwin fut réveillé par le cri d'un enfant.

« J'allai voir ce que c'était, dit-il, et je fus témoin d'un singulier bain chaud. Un gamin d'une dizaine d'années était couché sur le sol; le docteur, après s'être chauffé la plante du pied sur un pot de terre placé à côté du feu, l'appuyait sur le corps du garçonnet, et le frictionnait du haut en bas avec énergie. Or le sabot d'une vache n'est pas plus dur que la plante du pied d'un Cafre, où la peau a largement un centimètre d'épaisseur et d'où toute sensibilité a disparu; le docte personnage y allait d'ailleurs de manière à justifier les cris du petit patient.

» Le 30, j'ai tué trois serpents qui étaient nichés dans un arbre mort; tous les trois d'espèce différente, ils gisaient dans le même trou, d'où je les fis sortir en entaillant l'arbre pour en extraire deux balles qui s'y trouvaient logées.

» Des hippopotames, que nous découvrîmes dans une étroite rivière, nous ont procuré une chasse émouvante. Im-

---

animal est très mauvaise. Il s'agit probablement du sanglier à large groin, pacochère du Cap (*sus pacocherus*), qui, malgré son nom et sa qualité de cochon de plaine (*vlaacke vaark*), hante souvent les bois et produit une viande excellente. La confusion, du reste, est facile, car le nom de sanglier à masque lui conviendrait beaucoup mieux qu'au précédent. On l'appelle aussi pacochère édenté, parce qu'il est dépourvu d'incisives. Il se nourrit exclusivement de végétaux.

possible de les tirer derrière la muraille de roseaux qui masquait l'eau; il fallait grimper sur l'un des arbres dont les branches s'avançaient au-dessus du courant; j'y parvins, non sans peine, et finis par avoir une position avantageuse; mais bientôt les fourmis noires m'attaquèrent avec tant de violence, leur nombre était si grand, leur morsure tellement cruelle, qu'il n'y eut pas moyen d'y résister. Je descendis en toute hâte; et un superbe hippopotame, que je harcelais depuis deux heures, fut sauvé par ces fourmis.

» Le claquement d'un fouet nous annonça, le jour suivant, l'arrivée de notre chariot; c'était le 5 juin; il avait été retenu par le grossissement des rivières, et nous l'attendions avec impatience. Deux autres chariots l'accompagnaient; mais point de lettres d'Europe : il n'y avait pas eu de courrier depuis deux mois. Des amis nous rejoignirent le lendemain. Pour célébrer cette heureuse circonstance, on fit les préparatifs d'un magnifique repas : dix couverts; trois services; potage à l'antilope et au buffle; étuvée d'antilope et d'hippopotame aux oignons, relevée de poivre, etc.; légumes de trois espèces; rôti de canards sauvages, de pigeons et de pluviers (*sikkop*); enfin un plat de poisson que Bartel s'engageait à nous fournir. Ce dernier article fit défaut, attendu que notre pêcheur, ayant bientôt perdu ses lignes, revint tout déconfit ne rapportant qu'un barbillon. Le dîner fut suivi d'un punch, fabriqué avec du gin, du citron, de la cannelle et autres ingrédients, le tout brassé dans une terrine à savon[1]. Un whist et une masse de chansons du plus haut goût terminèrent la soirée.

» Le lendemain matin, les cinq chariots se mettaient en route, suivis de nous tous; ils firent ensemble environ deux kilomètres et demi; puis la bande se sépara : les uns retour-

---

1. *Soap boiler*. Cet ustensile, inconnu en Europe, se rencontre dans tous les ménages de l'Afrique australe. On y fait le savon avec de la graisse et de la soude; ce sel est tiré de la cendre de certains buissons, brûlés lorsqu'ils sont secs.

naient à Port-Natal, les autres se rendaient au Marché du Roi; et notre parti se dirigeait vers la Pongola.

« Maxwell m'a donné un gros morceau de fromage, ce qui, dans cette région, est un véritable régal. »

Après de nombreuses vicissitudes, Baldwin arriva, le 18 juin, au bord de l'Inyélas. Cinq jours après, ne voyant pas venir la bande à laquelle il devait se joindre, et apprenant que son départ était encore différé, il se mit en marche avec Fly, l'un de ses chiens, et deux serviteurs cafres. Le 25, il arrivait chez les Amatongas, qu'il voyait pour la première fois.

Les cases de ces indigènes ressemblent beaucoup à celles des Zoulous, mais l'entrée en est plus large; en outre, comme ils n'ont pas de troupeaux, le village se disperse éparpillé, sans être entouré d'une palissade. Quelle que fût la direction de ses regards, Baldwin ne voyait que la forêt : partout de grands arbres surgissant d'un épais fourré.

Le chef lui fit un fort cordial accueil et mit une case à sa disposition.

Le 29, au point du jour, il vit trois lions s'éloignant du cadavre d'un gnou (espèce de grande antilope). Il avait le plus vif désir de les poursuivre; mais les Amatongas ne voulurent pas même entendre parler de cette folie qu'ils combattirent dans les termes suivants :

« Quand vous tueriez l'un de ces lions, en seriez-vous plus avancé? Tandis que le contraire serait fort triste pour vous. »

Ils semblaient croire que cette dernière alternative était la plus probable.

« En outre, disaient-ils, les lions sont nos amis; ils nous procurent de la viande, et nous ne voulons pas qu'on leur fasse du mal. »

Si étrange que cela paraisse, il est très vrai que les habitants de ce pays doivent aux lions plus d'un bon repas.

Reparti le lendemain et s'arrêtant de kraal en kraal, Baldwin se dirigea vers la Pongola.

Le 1ᵉʳ juillet, en traversant la forêt, il trouva un grand nombre de fosses d'environ neuf pieds de profondeur et dont le fond était très étroit : un animal, en tombant dans ces trappes, y est serré entre les parois qui le pressent de plus en plus à mesure qu'il enfonce; et les indigènes, grâce à la bonne construction de ces pièges, prennent toute espèce de gibier[1].

Il avait marché pendant une heure ou deux quand il entendit ses hommes annoncer un éléphant par leurs cris. En effet, il aperçut, à 1200 mètres, un colosse, qui, placé à la lisière d'un bois, s'éventait avec ses énormes oreilles. Son émotion fut extrême; il mit vingt-quatre balles dans sa ceinture, remplit ses deux poires à poudre, se munit d'une infinité de capsules et de deux fusils, qui malheureusement n'avaient qu'une faible charge de poudre, douze à treize grammes environ. Il ne pouvait les décharger qu'en tirant, ce qui aurait fait évader la proie. Que n'aurait-il pas donné pour un fusil se chargeant par la culasse! Dans cette extrémité, il résolut de viser au genou, s'il lui était impossible de se placer de manière à frapper entre l'œil et l'oreille.

Quand il eut fait tous ses préparatifs, il leva les yeux et vit une quinzaine d'éléphants, dont l'un, entre autres, paraissait avoir de grandes défenses; ce fut celui-ci qu'il se promit d'abattre. Il s'arrangea de manière à toujours avoir le vent en face, et parvint de la sorte jusqu'à cent pas du troupeau. Son guide refusa d'aller plus loin.

C'était une émouvante affaire que d'affronter seul de pareils

---

1. Dans son *Chasseur de girafes* (Paris, Hachette et Cⁱᵉ, 1876), le capitaine Mayne Reid donne de ce piège, construit surtout pour les éléphants, la description suivante :

« La fosse, ovale au sommet, se contracte en pointe, sous forme d'entonnoir ou de cône renversé, ne laissant aucune surface plane où l'éléphant puisse poser les pieds. Ces derniers sont ainsi joints l'un à l'autre et comme ils ont à supporter seuls l'énorme poids du corps, les douleurs de la pauvre bête doivent être intolérables. Cette fosse, invention diabolique, source d'inutiles tortures, a environ 2ᵐ,50, dans son plus grand diamètre, et 2ᵐ,10 à 2ᵐ,20 de profondeur. Chacun des violents efforts de l'éléphant n'aboutit qu'à rapprocher davantage ses pieds massifs et à augmenter ses souffrances. »

adversaires. Baldwin les voyait saisir d'énormes branches et en disperser autour d'eux les minces débris. Néanmoins, il arriva jusqu'à trente pas d'une femelle de haute taille; mais, peu satisfait de ses dents, il continua à ramper avec d'indicibles précautions, afin d'en examiner d'autres. Il s'efforçait de retrouver celui dont il avait remarqué les défenses, lorsque les aboiements de Fly retentirent au milieu de la troupe.

Son gibier partit aussitôt, écrasant tout sur son passage et manifestant une vive frayeur. En poursuivant ces animaux, il fit une dizaine de kilomètres à travers la forêt, mais il finit par en rejoindre quatre. A l'un d'eux il envoya une balle qui l'atteignit derrière l'épaule; alors tous quatre prirent la fuite et, bien qu'il se fût précipité sur leurs pas, il n'aperçut qu'un éléphanteau et la culotte d'une vieille femelle qui s'éloignait.

« Jamais, dit Baldwin, je n'ai rien salué avec plus de joie que la Pangola. Je n'avais pas bu depuis le matin; j'étais à moitié mort de soif, et la rivière coulait à mes pieds, fraîche et limpide, l'une des plus charmantes que j'aie rencontrées. Sa largeur, à l'endroit où je la voyais alors, était d'environ cent mètres, et des figuiers sauvages, qui atteignent ici des dimensions prodigieuses, en couvraient les deux rives.

» A la fin, une marche pénible nous a fait gagner un kraal, où je fus accueilli, ainsi que toujours, par une meute de chiens qui, terrifiés à l'aspect d'un blanc comme à la vue d'un spectre [1], ne manquent pas en pareil cas de s'enfuir, en se bousculant et en renversant tout ce qu'ils rencontrent. La première alarme passée, ils viennent aboyer contre vous avec acharnement, et il est impossible de s'entendre au milieu de tout ce vacarme. Je n'ai jamais pu réussir à me faire un ami d'un chien cafre, alors même que je le flattais dès son enfance; et je ne crois pas en avoir vu un seul qui fût bon à quelque chose. Il faut dire que ces pauvres bêtes ont une vraie

---

[1]. Livingstone constate aussi, à deux reprises, l'effroi qu'inspire la vue des blancs en Afrique.

vie de chien : nourris passablement tant qu'ils sont jeunes, les malheureux sont bientôt abandonnés à leurs propres ressources; ils deviennent d'une maigreur effroyable, sont aussi galeux que décharnés, et l'on se demande comment l'existence se perpétue dans de tels squelettes. »

Baldwin traversa la Pongola le 2 juillet. Peu de temps après l'avoir franchie, il rencontra de grands étangs couverts d'oiseaux d'eau et servant d'asile à quelques hippopotames qu'il lui fallut tirer de très loin. Il en tua deux qui étaient dans d'excellentes conditions de graisse et de délicatesse.

Après avoir passé quelques jours dans ce canton giboyeux, Baldwin se remit en route avec un nain bossu pour guide. Cet indigène avait les jambes les plus extraordinaires du monde ; elles ne se ressemblaient en aucune façon, mais il les manœuvrait de façon que notre chasseur avait beaucoup de peine à le suivre.

Le 7 juillet, il tomba sur un groupe d'hippopotames endormis sur l'eau et tua le plus gros d'entre eux. Aussitôt il se vit entouré d'une centaine d'Amatongas qui allèrent chercher la proie et l'amenèrent sur le bord.

Impossible d'avoir plus de tenue, plus de courtoisie qu'ils en montrèrent, tandis que Baldwin prenait de l'animal ce dont il avait besoin; mais dès que le reste de la bête leur eut été abandonné, ce fut une confusion indescriptible. Armés de sagaies, de pioches, de couteaux ou de haches, ils s'étaient tous précipités vers la proie, et, criant, hurlant, beuglant, se battant, ils se la disputaient avec une ardeur qu'il faut avoir vue pour se la figurer. De temps à autre, le chef se ruait sur la masse pour distribuer, à droite et à gauche, des coups de chambock. Les plus forts, ayant pénétré jusqu'à l'animal, en détachaient des morceaux qu'ils jetaient par-dessus leur tête et que recevaient des compères; ceux-ci rattrapaient ces lambeaux au vol et, courant toujours, les déposaient chacun sur un tas séparé, auquel personne ne touchait. En quelques instants, la bête y passa tout entière, et la plupart des quatre-vingts individus qui l'avaient entourée avec l'espérance d'avoir une part de la proie, n'eurent pas un atome de la curée.

La même scène eut lieu après la mort du second hippopotame, qui, de même que le précédent, était dans des conditions de graisse et de délicatesse peu communes. Selon Baldwin, un chasseur qui viendrait ici avec une habile ménagère, serait sûr de ne pas mourir de faim. Quant à lui, il s'était procuré, ce jour-là, environ quatre mille kilos de viande parfaite et une quantité incalculable d'une graisse délicieuse.

Le soleil était couché avant qu'il fût de retour au kraal, où il se trouva tout à coup devenu un grand personnage. Les cadeaux affluaient dans sa case : du riz, des œufs, du pain, des citrouilles, de la bière, toutes les productions du pays. Le pain ressemblait beaucoup à des pommes de terre grillées; mais il méritait peu d'éloges.

La journée du lendemain s'écoula tranquillement au logis à faire du beultong[1] et à saler les langues des hippopotames, etc. Baldwin donna au chef un beau quartier de la viande qu'il s'était réservée, un morceau de choix, et ensuite il inspecta la bourgade.

Quand ils défrichent le sol pour créer leurs jardins, les indigènes de cette contrée ont le bon goût d'épargner les gommiers, qui sont de très beaux arbres, au feuillage d'un vert sombre et pendant jusqu'à terre; la ramée en est si épaisse, que la lumière du jour ne pénètre jamais à l'intérieur. Les Amatongas sont très laborieux; hommes et femmes travaillent dans les jardins, ce qui est à peu près inconnu chez les Zoulous, qui croiraient déroger à leur dignité s'ils cultivaient la terre, occupation qu'ils réservent à leurs femmes.

Il est rare qu'on rencontre dans ce district un naturel sans lui voir un tison ardent à la main, pour allumer les feux qui

---

1. Viande légèrement salée, coupée par tranches minces, séchée à l'air, et qui se conserve ensuite comme la viande boucanée.

consument lentement les buissons autour de la commune.

Le 12, Baldwin traversait la Mapouta, jolie rivière de plus de 80 mètres de large, très profonde et qui se jette dans la mer des Indes, à la baie Delagoa. Des arbres superbes bordent ses rives; elle est habitée par de nombreux hippopotames et les crocodiles y pullulent : Baldwin compta vingt-deux de ces amphibies sur un banc de sable situé au milieu de la rivière. Le courant de ce petit fleuve est très rapide; pendant les deux jours qu'il en suivit le bord, Baldwin ne vit aucun endroit où il fût possible de le traverser en canot.

Le 13, au moment où il dut en tenter la traversée, aucun de ses gens n'étant près de lui, il entra seul dans une barque; bientôt il fut forcé de renoncer à vouloir dominer le courant, et l'esquif, emporté à la dérive, se heurta contre une branche qui se trouvait à fleur d'eau. Le choc le lança par-dessus le bord; il empoigna la branche, saisit le canot avec ses talons, et parvint à s'y rétablir; mais le croc dont il se servait étant de bois vert, avait coulé à fond, et il n'avait plus qu'une pagaie pour manœuvrer sa barque. Il finit cependant par approcher de la rive, où, s'accrochant aux branches, il attendit qu'on vînt à son secours. Les crocodiles étaient nombreux; toutefois il n'avait rien à craindre tant qu'il se trouvait près des arbres. A la fin, il vit arriver un Amatonga, qui venait à son aide avec une seconde pirogue. Les deux canots furent attachés l'un à l'autre; il se servit de sa pagaie, l'indigène avait son croc; et l'une des pirogues ayant été amarrée, la seconde remonta jusqu'à l'endroit où l'on débarque ordinairement.

Le 17 juillet, il se mit en chasse avec un parti de quinze hommes, y compris le chef du village et trois cantiniers chargés d'*abouti ingouté*, bière amatonga, faite avec du sorgho; cette boisson est assez estimée des Européens quand on n'y a pas mêlé une racine amère, dont les indigènes recherchent les propriétés enivrantes.

Bientôt Baldwin aperçut un gros hippopotame qui dormaît près de la rive, derrière un bouquet de roseaux. Il se dirigea vers lui en rampant; et juste au moment où il se découvrit étant dans l'eau jusqu'à la ceinture, la bête, au lieu de s'enfuir, comme il l'avait pensé, fondit sur lui à toute vitesse.

Quand l'hippopotame ne fut plus qu'à une vingtaine de mètres, il s'arrêta une seconde, pendant laquelle Baldwin tira; le coup l'atteignit sous l'oreille et le fit pirouetter sur

BALDWIN CHASSANT L'HIPPOPOTAME.

lui-même comme une toupie. Deux balles lui entrèrent dans le corps sans produire aucun effet; une troisième, destinée à la tête, le manqua; il parut se remettre, s'éloigna peu à peu du bord, gagna l'eau profonde et le chasseur craignit de le voir s'échapper.

Le soleil frappait directement sur lui; le fond de l'eau était glissant; Baldwin enfonçait dans la vase, quand une dernière chance se présenta; la balle cette fois pénétra exactement entre l'œil et l'oreille et tua la bête sur le coup.

Le jour allait finir; les Cafres attirèrent l'hippopotame vers la rive, on en fit griller un morceau, et chacun soupa; mais c'était un vieux mâle horriblement coriace.

La nuit fut humide, la rosée abondante et Baldwin se leva, le lendemain, avec des symptômes de fièvre. Il dut cependant faire 40 kilomètres en plein soleil, et à pied.

Après quatre heures de lutte, il lui fut impossible de marcher droit et de se soutenir. Il s'étendit au pied d'un arbre, y passa deux heures et finit par se traîner jusqu'aux premières huttes d'un kraal. En arrivant, il prit trois doses d'émétique, mais sans résultat. Croyant alors que c'en était fait de lui, il appela un indigène et se fit ramoner la gorge avec un brin d'herbe chargé de graines.

Ce moyen eut l'effet désiré. Il put se remettre en route et, le 25 juillet, après une marche forcée, il arrivait au bord de la Pongola. Il espérait y trouver de la quinine, du café, du sucre et du pain, dont il avait été sevré depuis sept semaines. Il n'y découvrit qu'un peu de riz qu'il avait laissé lors de sa dernière visite. Heureusement, le messager arriva le lendemain, apportant une masse de provisions.

Le 2 août, il se sentit assez bien pour prendre son fusil. Il avait promis quelques rangs de perles à son chasseur s'il le mettait en présence d'un inyala[1], animal qu'il ne lui avait pas encore été permis de tuer.

Il emmena son maître dans la forêt, où ils marchèrent longtemps au milieu des broussailles.

Tout à coup, les yeux du Cafre étincelèrent; il déboucha et courut vers un étang en faisant des gestes de possédé. Baldwin comprit qu'il fallait le rejoindre et suivre la route opposée à celle qu'il avait prise; il fit donc le tour, en avançant

1. L'inyala est une antilope d'un gris brun à reflets argentés, parente du bushbuck (*tragelaphus sylvaticus*), mais beaucoup plus grande que celui-ci, et paraissant n'habiter que les forêts de la côte occidentale. De même que le bush-

avec précaution, ne se doutant pas de ce qu'il allait voir, et il découvrit, à soixante-dix ou quatre-vingts pas, un superbe inyala qui s'éloignait tranquillement après s'être désaltéré.

Il se détourna, reçut une balle dans l'épaule, fit en l'air un bond prodigieux, et disparut sous bois. Les Amatongas, légers et rapides, le suivirent à travers les buissons avec une sagacité merveilleuse, finirent par le rejoindre et par l'ac-

INYALAS.

culer dans un endroit où le Cafre, à qui Baldwin avait donné un second fusil, ne tarda pas à l'achever.

« En arrivant à la Sainte-Lucie, écrit notre chasseur, j'étais

buck, le mâle est armé de cornes en spirale, et revêtu de longs poils sur la poitrine et la partie inférieure du corps; il pèse de deux cent cinquante à trois cents livres, et, selon toute apparence, vivrait solitaire au moins une partie de l'année. Les femelles, de moitié plus petites, et d'un poil brun marqué de raies et de taches blanches, ressemblent au daim; elles n'ont pas de cornes; on les voit souvent réunies en troupeau.

très fatigué de la marche que nous avions faite depuis la Pongola et, d'ailleurs, encore souffrant de la fièvre. Je résolus donc d'envoyer chercher mon cheval Billy par deux de mes hommes. Il leur fallait huit jours pour retourner à la baie Sainte-Lucie. Mon indigène du Natal, ayant grand'peur des Zoulous, me demanda une chemise comme passeport. « Ils verront, disait-il, que je suis le Cafre d'un homme blanc et n'oseront pas me tourmenter. » Je n'avais plus que deux chemises; lui en donner une me paraissait difficile; mais il n'y eut pas moyen de le faire partir sans cela.

» Le 13 août, je trouvai, au kraal de Makito, l'ivoire de neuf éléphants que mes deux chasseurs avaient tués. Ceux-ci avaient enterré les défenses dans le parc aux bestiaux et m'en avaient prévenu; mais, avant d'autoriser les fouilles, Makito fit indiquer par mes hommes l'endroit précis où l'ivoire avait été déposé, afin d'être sûr de la légitimité de leur revendication. Mes Cafres, heureusement, avaient été renseignés par les chasseurs, et purent faire ce qui leur était demandé.

» J'ai envoyé jusqu'à l'Om-Schlatousse pour voir ce que devenaient mon Cafre et mon cheval, et pour me faire ramener l'un et l'autre.

» J'ai acheté soixante-sept têtes de gros bétail, plus six moutons, à raison de quatorze francs cinquante-cinq centimes par tête, l'une dans l'autre. Cette affaire a exigé plusieurs jours de marchandage, et, pour choisir les animaux, pour les trier parmi les quatre cents bêtes dont un de mes amis avait fait l'acquisition, enfin pour les marquer au fer rouge, il fallut encore passer toute une journée.

» Le 26, n'ayant pas de nouvelles de mes hommes, je suis parti pour Durban.

» Une semaine après, je rencontrai mes émissaires, mais pas de cheval. Aucun de mes hommes n'avait franchi la Touguéla; des malfaiteurs s'étaient emparés de l'homme de confiance que j'avais envoyé au-devant des autres et ne lui avaient laissé prendre la fuite qu'après l'avoir battu et dévalisé. Il me raconta longuement tout ce qu'il avait souffert; mais je n'en compris pas un mot. »

Le 9 septembre, Baldwin rentrait à Durban. En y arrivant, il apprit la mort d'un de ses compagnons, nommé Harris, avec lequel il devait aller, l'automne suivant, chez Mosilikatsi, roi des Tébélés. Lui-même était épuisé de fatigue, souffrant de la fièvre. Il s'installa, pour se rétablir, dans le district d'Omvoti, dans une ferme appartenant à M. Eastwood, son ami le plus intime, un ancien voisin, qui était parti avec lui d'Angleterre pour aller en Afrique.

Il y resta sept mois, au bout desquels il se décida à retourner dans le pays des Zoulous, malgré les souffrances qu'il avait endurées dans cette contrée maudite.

Le départ eut lieu le 31 mars 1855.

La suite de Baldwin se composait d'un conducteur de chariot et d'un oreloper (homme qui ouvre la marche). Un peu plus tard, il parvint à engager trois Cafres et arriva sans encombre à Grey-Town, où une pluie incessante l'arrêta pendant trois jours.

Le 12 avril, à force de crier et de frapper sur l'attelage, le chariot avait gagné le sommet d'une montagne dont le versant opposé s'abaissait brusquement. Le oreloper n'avertit pas assez vite pour que le conducteur pût enrayer, et les voilà tous descendant avec une rapidité effroyable. Trouvant la situation peu rassurante, Baldwin se jeta sur un gros arbre près duquel passait le chariot, et s'en tira sans autre mal que d'avoir mis sa chemise en loques.

A peine avait-il accompli ce saut périlleux qu'il entendit le chariot s'arrêter subitement; il courut à l'endroit où il l'apercevait : dix des bœufs entouraient un arbre, et, bondissant comme un possédé, le conducteur criait d'une voix rugissante : « *Mammo, mammi, mammo, mammi!* » tandis que le oreloper, l'œil farouche comme celui d'un faucon, gisait couvert de sang; il avait le crâne fendu sur la gauche, et, selon toute apparence, l'une des roues lui avait passé sur le bras droit.

Baldwin lui fit respirer des sels, lui coupa les cheveux et lava ses blessures. Les Cafres le regardaient en silence, avec un respect mêlé de crainte; mais lorsqu'ils le virent prendre une aiguille et du fil pour recoudre la plaie, ils poussèrent

DESCENTE TROP RAPIDE.

des cris affreux auxquels se joignirent ceux du patient. Il lui fallut renoncer à la suture, et se contenter d'un bandage qu'il serra le plus possible; il fit un bon lit dans le chariot pour y étendre le blessé; mais rien ne put décider celui-ci à se remettre en route, et ses deux compagnons refusèrent également de partir.

La position de Baldwin était assez embarrassante; il n'avait plus qu'un homme pour conduire quatre chevaux et quatre bœufs de rechange, en surplus du chariot. Néanmoins il fit contre fortune bon cœur, et au bout de quelques kilomètres il eut la chance de mettre la main sur un garçon qui consentit, pour 2 fr. 80, à l'accompagner jusqu'au petit fleuve Touguéla.

Le 14 mai, il passait ce cours d'eau et franchissait la frontière du Natal. La maladie lui ayant enlevé tous ses chevaux, il résolut d'éviter la plaine et les lieux découverts, seul moyen qui lui restât de faire une chasse fructueuse. Mais il essaya

CROCODILE ENLEVÉ PAR SES COMPAGNONS. (P. 57.)

vainement de parvenir aux montagnes de l'Omgohouie. Les chemins n'étaient pas praticables.

Le 17, en revenant de chasser un buffle sur les bords de l'Omlilas, il aperçut un crocodile échoué à quelque distance de la rivière et dormant profondément. Il lui envoya son coup de fusil. Quand la balle l'eut frappé, l'animal releva la tête, ouvrit ses formidables mâchoires et le chasseur comprit qu'il lui avait brisé l'épine dorsale. Il aurait cependant pu regagner la rivière si un second coup dans la gorge et un troisième dans la poitrine ne l'eussent achevé

Quand Baldwin fut certain qu'il était bien mort, il se hâta d'aller au chariot prendre une hache et revint en toute hâte avec ses hommes, afin de couper la tête du monstre qu'il voulait emporter.

A sa grande stupéfaction, il ne vit plus que des mares de sang à l'endroit où il avait laissé l'animal. Ses pareils avaient profité de l'absence du chasseur pour le traîner dans l'Omlilas. Il en fut vivement contrarié, car il est rare de tuer un crocodile à terre, et dans l'eau il coule à fond dès qu'il est mort.

Baldwin put enfin gagner les hauteurs d'Omgohonie, où il passa une journée fatigante, sans rien voir qu'une femelle d'élan. Puis, sur le conseil d'un citoyen du Transvaal, nommé Joubert, chez lequel plus tard nous retrouverons notre chasseur, il se rendit chez le chef Nugéla, qui, en échange d'une bouteille de grog, lui offrit de tuer quelques bêtes.

Le dimanche 3 juin, il alla à l'église et eut sous les yeux un tableau que peu d'Européens ont été à même de contempler.

L'édifice, construit en pisé, avait un toit de zinc, soutenu par des poteaux en bois. Du côté du vent, la muraille était tombée et laissait un libre cours à l'air extérieur. Aux poutres et aux solives étaient suspendus la tente et les côtés d'un chariot, des cordes du pays, des charges de grain, des courroies, des jougs, des traits, des fouets, tout l'appareil du charriage; de vieilles selles, de vieux chapeaux, de vieilles brides et une portion d'une magnifique dépouille de léopard.

Au milieu de ce désordre et d'une masse dix fois plus grande d'objets indescriptibles, s'élevait une chaire dont les coussins et les tentures portaient les marques d'un long service. Dans cette chaire se tenait un Norvégien d'une haute stature, ayant d'épais favoris, une casaque noire qui, boutonnée jusqu'au menton, descendait jusqu'à la cheville, et naturellement des lunettes. Ce Norvégien prêchait.

Une trentaine de Cafres des deux sexes, accroupis sur une natte, gisaient pêle-mêle, serrés les uns contre les autres;

deux sous une couverture, dont ils relevaient les bords pour chercher et tuer la vermine qui les dévorait tout vifs. D'autres arrachaient avec des épingles de bois les épines qu'ils avaient dans les pieds, — tout cela inaperçu du missionnaire, dont le sermon dura plus de trois heures.

Pour appeler ses ouailles à l'office, le missionnaire, nommé Schrœder, avait suspendu au cou de son cheval une petite sonnette qui carillonnait tout le long du chemin.

Doux, hospitalier, d'une instruction rare, possédant à fond le langage, les mœurs, les coutumes des Zoulous, M. Schrœder a, paraît-il, sur eux une grande influence. Baldwin ne croit pas qu'il en ait converti aucun; mais il est certain que ces indigènes le vénèrent et que pour rien au monde ils ne voudraient l'offenser.

Le 22 juillet, Baldwin traversa l'Omphilosie noire et, le lendemain, l'Inyoni. Les habitants du kraal, le voyant possesseur d'un chariot et de son attelage, — lui qui l'année précédente n'avait pas même un Cafre à son service, — lui témoignèrent le plus grand respect; car ils méprisent le pauvre, autant qu'ils ont de considération pour le riche, à l'égard duquel ils se montrent aussi rampants que serviles.

En gravissant la montagne, Baldwin aperçut deux rhinocéros. Comme il pensa qu'ils allaient descendre, il envoya son Cafre se placer au-dessous d'eux. Il ne pouvait pas s'en approcher suffisamment; toutefois, dès qu'ils s'ébranlèrent, il tira l'un d'eux à l'épaule; l'animal fut touché, mais un peu trop bas, et il s'éloigna.

Les chiens, pendant ce temps-là, avaient détourné son compagnon et le ramenaient du côté de Baldwin; il arrivait au grand trot, la tête haute, la queue roulée sur la croupe, avançant d'une allure superbe, à la fois puissante et rapide. Il avait l'air très disposé à charger le chasseur, mais une balle qui l'atteignit derrière l'épaule, et qui le fit tomber sur les genoux, modifia ses intentions. Il se releva et partit.

Convaincu de l'avoir frappé mortellement, Baldwin et son Cafre se mirent à sa poursuite. En effet, ils trouvèrent un rhinocéros couché dans l'herbe, et dans une pose si naturelle qu'on n'aurait jamais pensé qu'il fût mort : il avait bien été frappé derrière l'épaule; mais son dernier soupir remontait à quelques heures. C'était le premier que Baldwin avait tiré. Il enleva les cornes et la langue, tailla quelques chamboks (lanières de cuir d'hippopotame), suspendit le tout à un arbre, et il s'éloigna avec son domestique pour chercher de l'eau.

À peine étaient-ils partis, qu'ils virent un nouveau rhinocéros; il n'était guère à plus de vingt pas, les regardait avec inquiétude et paraissait vouloir se cacher; c'était une femelle. Baldwin attendit qu'elle se fût détournée, et la frappa derrière l'épaule; elle revint immédiatement sur lui; mais une balle au milieu du front l'arrêta, et elle tomba morte à dix pas. C'était un coup heureux, car Baldwin ne savait où tirer, et le temps passait : s'il ne l'avait pas tuée, elle l'aurait empalé de sa grande corne.

Derrière elle, était son petit, qui se battait avec les chiens en poussant des cris étourdissants. Ce jeune rhinocéros, à peu près de la taille d'un cochon, avait les oreilles droites, la peau fine et si luisante qu'on l'eût dite vernie. Désirant le prendre vivant, Baldwin écarta la meute et alla chercher quatre ou cinq hommes pour le conduire au chariot. Mais, pendant son absence, le jeune animal avait été dévoré par les hyènes, qui l'avaient préféré à sa mère.

Ce ne fut pas, du reste, la seule fois qu'en chasse et en plein soleil Baldwin avait eu à se plaindre de ces immondes bêtes.

Un certain jour, chez les Amatongas, il tira sur un inyala mâle et lui cassa la jambe. L'animal fut bientôt rejoint par les chiens et, bramant avec vigueur, les entraîna, à sa suite, fort loin dans le fourré.

Baldwin suivit les chiens à la voix et finit par arriver près de l'un d'eux, Ragman, qu'il trouva couvert de sang. Il avait renoncé à la bête. Son maître en fut tout d'abord surpris ; mais, entendant aux environs une lutte violente, il se dirigea de ce côté et vit trois hyènes qui déchiraient l'inyala, expédiant si rapidement la peau et la chair, que trois minutes après il n'en restait pas une parcelle.

Le surlendemain, Baldwin sortit pour tuer un hippopotame. Un des indigènes qui l'accompagnaient s'écria tout à coup : « Voici une bête morte ! » Il la prenait pour une anti-

JEUNE RHINOCÉROS ATTAQUÉ PAR DES CHIENS. (P. 59.)

lope, et notre chasseur lui-même crut voir une femelle d'inyala. Il se dirigea vers le cadavre ; ses gens y coururent et, lorsqu'ils arrivèrent à trente pas de l'animal, ils découvrirent que c'était un beau lion à crinière noire qui se leva soudain et disparut dans le taillis.

Les Cafres les plus rapprochés de la bête s'évanouirent comme de la fumée. Le chien Ragman, au contraire, prit la piste en aboyant. Tout à coup sortirent du bois deux lionnes qui poussaient des rugissements furieux. Le reste des indigènes s'enfuit à toutes jambes.

INYALA DÉVORÉ PAR DES HYÈNES.

Les lionnes s'arrêtèrent pour regarder Baldwin; elles n'étaient guère qu'à trente pas.

Supposant qu'elles allaient fondre sur lui, il chercha des yeux un arbre pour s'y réfugier; mais les fauves rentrèrent dans les buissons, et il ne les vit plus.

Le 15 août, Baldwin reprit la direction de la Pongola.

Pendant toute la journée du 19, souffla un vent d'une chaleur excessive, le plus accablant qu'il ait eu à supporter dans

DEUX LIONNES.

la colonie. Il ne savait où se mettre, et passa la moitié du jour dans l'eau. Ces vents brûlants sont toutefois assez rares.

Le lendemain fut aussi froid que la veille avait été chaude; il plut à verse.

Baldwin rencontra plusieurs serpents de grande taille aux environs de la Sainte-Lucie, entre autres une horrible vipère *inflata*, qui l'effraya singulièrement. Il essaya de la tuer avec la baguette de son fusil, une baguette de fer; tout à coup il vit sa gorge et sa tête se gonfler outre mesure et prendre une teinte livide, en même temps qu'un volume énorme; puis elle s'élança vers lui en sifflant d'une manière effroyable. Il ne parvint pas à la tuer, mais il fit tant et si bien que, fatiguée de la lutte, elle disparut.

Après avoir cherché ses bœufs pendant deux jours et s'être engravé une couple de fois, il gagna la mission sans accident.

A cette époque, c'est-à-dire à la fin de 1855, après quatre années de séjour en Afrique, la situation de Baldwin s'était considérablement améliorée. Ses expéditions avaient été fructueuses; non seulement, il travaillait désormais pour son propre compte, mais il avait des engagés qui chassaient pour lui.

La plus grande partie de l'année 1856, il la passa à la ferme de son ami Eastwood.

Il en partit le 7 octobre pour aller chez les Zoulous voir ce que faisaient ses chasseurs et leur porter des munitions. Il était accompagné de six indigènes.

« Arrivés au bord de la Touguéla, dit Baldwin, nous fûmes retenus pendant quatre jours, et il s'en fallut de bien peu que mes hommes ne mourussent de faim. Un matin, comme je partais pour la chasse, l'un d'eux se laissa tomber sous un arbre et refusa de me suivre, disant que sa dernière heure était venue; mais, à mon retour, lorsqu'il apprit que j'avais tué un buffle, il se raviva immédiatement.

» Je n'en étais pas réduit à cette extrémité, non plus qu'un autre de mes Cafres. Voyant que le gibier était trop farouche et la forêt tellement impénétrable que, pour y entrer, il fallait faire un bruit qui mettrait tout en fuite, nous traversions chaque soir la rivière à la nage, et nous trouvions, au kraal voisin, un pot de lait et un bon plat de farine bouillie; mais le courant était trop rapide et trop large pour que nous pussions rapporter la moindre chose à nos compagnons.

» Le 20, nous arrivâmes chez M. Schrœder, le pasteur norvégien, qui nous donna l'hospitalité pendant plusieurs jours d'une pluie qui fut torrentielle. Je m'estimai fort heureux d'être chez lui, car ni ma petite tente, ni même la hutte d'un kraal, n'ont rien d'agréable en pareille circonstance.

» Je quittai M. Schrœder le 23, emportant une provision de médicaments qu'il avait la bonté de me donner; mais la chasse ne nous réussit guère, et le 26, qui était un dimanche, nous revit à la mission. Grande affluence de Cafres à l'église.

» Les Norvégiennes passent pour avoir le talent de faire un excellent dîner avec de piètres éléments, et, en cette circonstance, mistress Aftebro soutint avec honneur la réputation de ses compatriotes. Il faut dire, après tout, qu'un canard musqué, jeune, gras et tendre, n'est pas une mauvaise base d'opération culinaire. Toujours est-il que la farce de sorgho et de jaunes d'œufs, qui bourrait celui de madame Aftebro, est une excellente chose, et que la sauce dudit canard, où les pommes étaient remplacées par de l'oseille sauvage, mériterait d'être connue. Les Norvégiens ont l'étrange coutume de servir de la soupe à la fin du repas. J'avais d'abord refusé; mais, apprenant que ce potage, fait avec de l'arrow-root, des conserves, etc., était au sucre, je changeai d'avis et n'eus pas à m'en plaindre.

» Je quittai la mission le lendemain matin, et fis bonne chasse. »

Le 4 novembre, Baldwin était au bord de l'Omphilosie (Sainte-Lucie) et, le lendemain, entrant en forêt, il débuta par tuer deux boucs de bois (*bush-bucks*). Son chien Ragman s'attacha à la seconde bête, une femelle, la suivit pendant trois kilomètres, à travers les broussailles, et finit par la mettre aux abois près de la rivière.

Ce chien, superbe animal, moitié lévrier, moitié bouledogue, avec quelque chose d'un chien d'arrêt, était le plus remarquable des mangeurs. Il dévorait d'énormes tranches de chair palpitante, de n'importe quel gibier, et sous un soleil qui empêchait les autres chiens de manger, quelque affamés qu'ils fussent. On n'avait pas besoin de se charger d'aliments pour lui.

Les indigènes font transporter à leurs chiens leur propre nourriture, en leur passant au cou une espèce de viande percée au milieu. Baldwin vit souvent des meutes d'une vingtaine de chiens portant une semblable collerette, taillée dans un cuisseau de venaison et équivalant au moins à la moitié du poids du porteur, qui ne pouvait ni la ronger ni s'en débarrasser.

Le 7 novembre, on passa la Sainte-Lucie et l'on se trouva dans une belle vallée admirablement boisée. Les lions abondent dans ce canton.

Une nuit, Baldwin se trouvait sous sa tente, qu'il avait plantée, comme d'habitude, au pied d'un arbre où il pût se réfugier en cas de besoin. Son vieux bœuf de charge, Dancer, retenu par une courroie qui lui traversait le mufle, était au piquet, tout à côté de la tente. Pour plus de sécurité, deux jeunes Cafres (il avait envoyé les autres au chariot pour chercher des provisions), protégés par une ceinture de mimosas, étaient à côté d'un grand feu à dix mètres de là, juste en face de l'ouverture de la tente.

Les grondements étouffés d'un lion qui s'approchait peu à peu lui arrivèrent; le vieux Dancer était troublé : il s'agitait; une masse de viande, placée hors de la portée des chiens, était pendue à l'arbre au pied duquel le chasseur se tenait sur la défensive.

La nuit était sombre; le lion approcha sans bruit et s'efforça d'attirer la venaison. Baldwin était assis, les jambes croisées, sa carabine à double canon sur les genoux, s'attendant à chaque minute à voir la silhouette de la bête se dessiner, entre lui et le feu, près duquel il supposait ses Cafres endormis. Le lion, qui s'efforçait toujours d'atteindre sa proie, retomba sur les cordes qui fixaient la tente par derrière, et dans sa chute ébranla tout ce qui l'environnait.

Au même instant, une masse se précipita dans la tente et vint rouler aux pieds de Baldwin. Celui-ci fut sur le point de foudroyer ses deux Cafres, qui, parfaitement éveillés, s'étaient tenus immobiles jusqu'alors, mais n'avaient pas pu résister plus longtemps à leur frayeur.

Baldwin croyait toujours que le lion allait sauter sur le vieux Dancer, qui, par parenthèse, avait retrouvé son calme habituel; mais, après avoir fait de nouvelles tentatives pour atteindre la viande qu'il ne pouvait saisir, le lion s'en retourna comme il était venu.

Quelques jours après, Baldwin arrivait aux premières cases des Amatongas, misérables indigènes qui, n'ayant pour toute nourriture que des fruits sauvages, mouraient littéralement de faim. Aussi Baldwin chassait-il surtout pour leur donner à manger.

Il tira, le 12, un hippopotame qu'il crut avoir frappé mortellement; toutefois, comme il ne revint pas sur l'eau, il en chercha un autre et l'atteignit au-dessous de la naissance de l'oreille, la meilleure balle qu'on puisse faire. La bête plongea et se débattit pendant une dizaine de minutes; puis ses mouvements s'éteignirent, et on l'attira sur le bord à deux cents pas environ au-dessous de l'endroit où elle avait été frappée. Les pauvres Amatongas, ravis de cette aubaine, emportèrent la proie, dont ils ne laissèrent que la tête et la colonne vertébrale.

Le lendemain, comme il marchait précédé d'un indigène, il voulut lui faire remarquer une hyène qu'il croyait voir, et il lui donna un léger coup dans le dos. L'Amatonga, au lieu de se retourner, poussa un cri qui n'avait rien d'humain, fit un bond prodigieux, lâcha ses sagaies, quitta son vêtement en un clin d'œil, et supplia Baldwin de s'éloigner, en disant qu'un serpent l'avait mordu et qu'il allait mourir. Il eut quelque peine à le persuader du contraire et à lui faire comprendre ce qui s'était passé.

Le 16 novembre, les Amatongas, plus importuns que jamais, vinrent le supplier de leur procurer de la viande. Quoique ce fût un dimanche, Baldwin se laissa fléchir et se mit en chasse.

« Mes Amatongas, dit Baldwin, eurent bientôt découvert les traces de deux buffles qui au point du jour étaient venus pâturer dans la plaine.

» Nous relevâmes brillamment la passée au travers d'un bois épais, sombre comme la nuit et tellement silencieux que la chute d'une feuille en troublait le repos. Tous les Amatongas, sans exception, m'ouvraient le chemin avec une politesse remplie d'égards, et, sans rien dire, m'indiquaient la piste du doigt.

» Seulement alors je commençai à prendre intérêt à la chasse; j'enlevai mon fusil à deux coups des mains de celui qui le portait, je défis mes souliers et j'avançai en me tenant sur mes gardes.

» J'avais fait ainsi à peu près cent mètres, lorsque, à un détour du sentier, je me trouvai face à face avec un vieux buffle endormi, qui gisait à dix pas. Je mis un genou en terre; j'armai le canon gauche en retenant la détente pour l'empêcher de claquer; sitôt que je sentis le point d'arrêt, je visai au milieu du front; j'appuyai sur la gâchette; mon fusil s'abaissa et le chien s'arrêta au repos.

» Le buffle ouvrit immédiatement les yeux; il se levait déjà lorsqu'il reçut la balle de mon deuxième coup. Je m'élançai au milieu de la fumée, à quinze pas en arrière, et je m'accroupis derrière un buisson pour juger de l'effet produit.

» Tout craquait dans le hallier : c'était mon buffle qui; debout cette fois et la tête haute, aspirait l'air pour découvrir où je pouvais être. Il ne tarda pas à me sentir et plongea au milieu de mes broussailles.

» J'évitai sa charge par un bond de côté; il se retourna immédiatement et me livra un nouvel assaut. La moitié d'un buisson nous séparait à peine; il était à dix pas, le regard plein de rage, la face inondée de sang; je l'avais frappé entre les deux yeux, mais trop bas pour que la blessure fût mortelle. Il chargea de nouveau, et je ne lui échappai cette fois littéralement que de l'épaisseur d'un cheveu.

» Pendant ces quelques minutes, des heures pour moi, pas un Cafre, pas même l'un de mes chiens, ne vint à mon secours en détournant l'attention de la bête affolée.

» Nous n'étions plus séparés que par les débris écrasés du buisson. J'avais l'œil rivé sur les siens; il recula d'un pas, baissa la tête comme s'il voulait charger et, pendant deux minutes, une mince broussaille de quatre pieds de haut fut la seule chose qui nous sépara.

» C'est à peine si je puis dire comment j'évitai sa dernière attaque. Je jetai mes deux bras en avant, me repoussai moi-même de son corps, et m'enfuis aussi vite que possible, l'entraînant sur mes pas. Son haleine me brûlait le cou; deux enjambées de plus, et rien ne pouvait me sauver; mais le sentier tournait à droite, et, passant près de moi comme la foudre, le buffle alla tomber dans un effroyable hallier, d'où il déboucha, portant sur les cornes une demi-charretée d'épines.

» Il arrivait dans une clairière; je me couchai sur le dos au milieu du fourré pour l'empêcher de me voir. Juste au moment où il sortait du bois, je lui envoyai la balle de mon premier coup que je n'avais pas pu tirer; elle l'atteignit à l'extrémité supérieure de la dernière côte du flanc gauche, en face de la hanche. Il releva la queue, fit un bond effrayant et se précipita dans un tissu d'épines tellement fort et serré que je ne comprends pas comment il y pénétra. Il y fit néanmoins une trouée de deux cents mètres, et tomba mort, en exhalant ce mugissement étouffé, si doux à l'oreille du chasseur.

» Mes braves Amatongas descendirent aussitôt des arbres où ils s'étaient réfugiés, et m'accablèrent d'éloges. Peu sensible à leurs compliments, je voulus en retour leur reprocher leur couardise; mais il se trouva que j'avais perdu la parole : ce n'est que longtemps après que je recouvrai le libre usage de ma langue; aussi fis-je vœu sur vœu de ne plus chasser le dimanche, en connaissance de cause. »

COMBAT AVEC UN BUFFLE.

Le lendemain, nouvelle rencontre avec un buffle tout aussi dangereux que le premier.

Baldwin revenait au camp, tenant en main une belle jument grise chargée du produit de sa chasse, lorsqu'il aperçut un animal énorme tellement enfoncé dans la vase qu'il le prit tout d'abord pour un rhinocéros. Il eut bientôt reconnu un buffle et lui envoya une balle dans les côtes.

La bête blessée sortit de la vase et descendit la montagne

comme un ouragan en faisant voler les pierres. Baldwin rechargea son fusil, revint chercher son cheval et suivit la direction prise par le buffle, sans grand espoir de le retrouver, car la nuit arrivait.

Tout à coup se détacha de l'ombre d'un mimosa une masse informe qui marcha droit au chasseur. Celui-ci chercha du regard un arbre qui pût lui donner asile; il ne pouvait sauter sur le dos de sa jument, en raison des peaux dont elle était chargée. Son bras était passé dans la bride; le buffle avançait, Baldwin le mit en joue. Au moment où il lâchait la détente, la jument, effrayée, fit un bond en arrière. De plus en plus terrifiée, elle se cabra, perdit l'équilibre, retomba sur le dos en entraînant son maître dans sa chute. Le buffle passa au milieu d'eux, enlevant de son sabot la paupière de la jument et poursuivit sa course. Baldwin le retrouva à deux cents pas; il gisait mort de la seconde balle qui l'avait frappé en pleine poitrine.

Le 20 novembre, Baldwin campa dans un lieu charmant, sous un arbre touffu; des rivières couraient de trois côtés, et de l'autre s'élevait une grande montagne, appelée Tégonan, qu'il ne manqua pas de gravir. Une tribu tout entière fut massacrée sur cette montagne. Poursuivie par les gens de Djakka, elle en avait gagné le sommet, où l'ennemi, l'ayant rejointe, la mit en pièces et jeta les survivants dans les précipices. Aujourd'hui, le pays est désert, et les babouins y pullulent.

A cette époque sévissait, dans le pays des Zoulous, une guerre civile, suscitée par les fils de Panda qui se disputaient l'héritage de leur père.

« Le 8 décembre, dit Baldwin, Mahoutcha est venu me dire que l'armée avait tué cinq blancs et tous les Cafres de leur suite; il en concluait qu'il était fort inutile d'attendre mes chasseurs, vu que pas un Amatonga ne mettrait le pied chez les Zoulous dans un pareil moment. Suivant lui, nous

LE BUFFLE PASSA AU-DESSUS D'EUX.

devions partir, nous cacher dans les roseaux de l'Omphilosie et nous rendre le soir à un kraal pour y apprendre des nouvelles.

» Le conseil était bon. J'emballai aussitôt mes effets, et nous prîmes un chemin détourné pour éviter les rencontres. J'avais laissé tous mes bagages au chef du kraal, un vieux docteur, qui me pressait de m'éloigner, en me disant que, malgré tout le désir qu'il en aurait, il lui serait impossible de nous défendre.

» Voilà six ans que je lui ai fait ce dépôt, et je ne le lui ai pas redemandé; mais, si jamais je le lui réclame, je retrouverai, j'en suis sûr, tout ce que les rats auront épargné, tant les Zoulous sont d'une probité scrupuleuse.

» Apercevant de nombreuses têtes de bétail, nous nous dirigeâmes vers une cabane pour nous informer de ce qui se passait. On nous raconta les choses les plus épouvantables; mais on nous assura que pas un blanc ne serait inquiété, si lui-même n'attaquait personne.

» Les Cafres du parti victorieux nous dirent que les eaux de la Touguéla étaient rougies par le sang, et que celles de l'Inyoni, rivière qui passe à 13 kilomètres au nord de la première, étaient empoisonnées par les cadavres; que personne ne pouvait en boire et qu'on marchait sur les morts depuis le Matakoula jusqu'à a Touguéla, c'est-à-dire sur un espace de 25 kilomètres.

» En conséquence, je résolus de traverser la rivière, en dépit de ce qui pouvait advenir et malgré la répugnance de mes hommes. Les pauvres gens tremblaient pour eux, et néanmoins ils ne voulaient pas me quitter.

» Le lendemain, 9 décembre, nous partîmes avant le jour; il me tardait d'arriver chez les missionnaires et d'avoir des nouvelles positives. La pluie tomba du matin au soir; je n'en marchai pas moins pendant douze heures, et j'atteignis la mission peu de temps après le coucher du soleil. »

Là, Baldwin apprit que des milliers d'hommes, de femmes et d'enfants avaient été massacrés ou s'étaient noyés en voulant franchir la Touguéla. On estimait que le quart de la nation des Zoulous avait été détruit et l'on avait vu passer environ huit mille bestiaux n'ayant plus de maîtres.

Rien de plus navrant que d'entendre les vainqueurs parler du combat. Pour les Cafres, la vie d'un homme a aussi peu de prix que celle d'un lapin pour un Européen. L'un disait à Baldwin qu'il avait tué six individus; un autre, cinq, ou neuf, ou dix. Un grand guerrier en avait tué vingt; il les comptait sur ses doigts : tant d'hommes, tant de femmes, tant de jeunes filles; et il éclatait de rire en faisant cet abominable calcul.

Quant à Panda, qui se portait fort bien, tandis que ses fils se disputaient sa succession, il avait massacré de sa propre main sept de ses frères!

Baldwin partit le 14 décembre et, sur sa route de retour, il put constater la vérité des renseignements qui lui avaient été donnés. Tout le pays était dépeuplé; les récoltes étaient détruites. L'air était empesté. Des cadavres d'hommes, de femmes et d'enfants de tout âge couvraient la route. Il vit de pauvres mères ayant leurs enfants cloués sur le dos par les sagaies qui les traversaient elles-mêmes.

Un peu plus loin, il rencontra l'armée victorieuse; elle rentrait dans ses foyers, portant des branchages en l'honneur de Cettihouaïo [1] qu'elle abritait de ses palmes et faisait marcher avec une noble lenteur, afin, disait-elle, de lui apprendre à être roi.

« Je n'étais pas sans crainte, dit Baldwin, au sujet de la réception qui m'était réservée; mais, faisant contre fortune bon cœur, je posai mon fusil à terre à quarante pas du cortège et demandai si tout allait bien. Les sagaies furent

---

[1]. Celui-là même dont il est question à la fin de l'Avant-propos.

déposées de la même manière, et le prince me fit répondre que « tout allait bien avec moi ».

» J'avançai alors, suivi de mes gens qui me marchaient sur les talons, et j'eus une assez longue conférence avec les chefs. Ils furent très polis et me dirent que, n'ayant pris aucune part au combat, j'étais libre d'aller partout sans avoir rien à craindre ; que tous les bœufs qui avaient été pris à des Anglais seraient renvoyés au bord de l'Om-Shlatousse, où les propriétaires pourraient les réclamer ; ils ajoutaient même que des dommages-intérêts seraient donnés à ceux dont le bétail avait péri. On apporta de la bière et, après de copieuses libations, nous nous séparâmes dans les meilleurs termes possibles.

» Arrivés à la Touguéla, nous y trouvâmes environ cent cinquante malheureux qui attendaient sur la rive que l'eau fût moins grande, et j'eus beaucoup de peine à faire venir le passeur. Je tirai en vain des coups de fusil à diverses reprises ; enfin il fallut mettre habit bas pour montrer que j'étais un blanc.

» Ce ne fut que sur la rive opposée que je pus respirer à mon aise. Jamais je n'ai éprouvé de joie plus vive en mettant le pied sur le territoire de la colonie. Le vent qui nous soufflait à la face nous avait saturés d'effluves cadavéreuses, et même l'estomac de mes Cafres n'avait pas pu y résister. »

CHAPITRE II

LE TRANSVAAL — LE MÉRICO

Le 25 mai 1857, Baldwin partit de nouveau avec un chariot chargé, seize bœufs et sept chevaux.

La jolie ville de Harrysmith, qui fut son point de départ, tire son nom de la femme de sir Harry Smith, l'ancien gouverneur de la colonie du Cap. Elle est située sur le bord du Klip, à 240 kilomètres de Durban, à une trentaine au sud-est des monts Draken, et doit à cette chaîne, qui sépare le territoire de Natal des républiques Transvaalienne et d'Orange, un panorama splendide, où se remarquent la Tête de Nelson et la montagne de Job.

C'est du versant des Draken, d'où l'œil embrasse un immense horizon, qu'on a la plus belle vue de la colonie : son territoire, bien arrosé, bien boisé, vous apparaît de cette hauteur comme un jardin soigneusement tenu quand on le compare à l'immense plaine qui se déploie au couchant, et dont le sol aride, entièrement dépourvu de bois, semble n'être d'aucun rapport. Néanmoins on y trouve de grandes fermes, où s'élèvent beaucoup de chevaux et de moutons.

Harrysmith, placé de l'autre côté de la chaîne, immédiatement au pied de la montagne de la Table, ne voit le soleil que lorsque celui-ci est déjà levé depuis trois heures. En hiver, c'est un lieu glacial et d'une horrible tristesse.

Après avoir franchi le mont Draken, Baldwin s'arrêta, pendant quelque temps, chez Joubert, un boër du Transvaal, dont il a déjà été parlé.

« Je ne manquai pas, dit Baldwin, d'aller voir M. Prétorius, président de la république [1] ; je lui ai remis une lettre de recommandation du docteur Kelly, magistrat, résidant à à Klip-River, et, de plus, quelques volumes que lui envoyait ce docteur.

» J'étais paré de mes plus beaux habits et je m'inclinai assez bas devant l'auguste personnage qui, dans cette région, est tout-puissant.

» Il examina les livres, les feuilleta, lut quelques phrases, et la seule observation que lui inspira sa lecture fut celle-ci : « Combien y a-t-il pour le port? » Je restai pétrifié, et la conférence en demeura là.

» C'était la première fois, ou à peu près, que j'avais des relations avec les boërs transvaaliens, et j'ignorais leurs coutumes. Je ne savais pas qu'il est chez eux d'une haute politesse de toujours offrir le payement d'un service quelconque, afin de vous donner l'occasion de dire que vous l'avez fait par obligeance, et de les mettre en mesure de vous exprimer leur gratitude. Je dois ajouter qu'il est très rare, si le fait s'est jamais vu, qu'ils acceptent le prix des aliments que vous consommez chez eux : leur hospitalité est des plus généreuses.

» Au fond, j'étais peu tourmenté du résultat de mon audience : les Cafres étaient paisibles, en bons termes avec les boërs ; le commerce était libre entre les deux pays ; je n'avais pas à craindre que le président s'opposât à mon voyage.

» Nous sommes arrivés hier au soir chez un boër nommé Versell Bartness. La route nous avait fait traverser un beau pays couvert de mimosas ; ce fut une véritable joie que de trouver cette forêt au sortir de la plaine sans limites. La rési-

[1]. Prétorius, fondateur de la république Transvaalienne, résidait à Mooi-River-Dorp.

dence est jolie : un charmant ruisseau y décrit mille détours entre les arbres et est tout rempli de cresson ; un verger magnifique ; des orangers, des citronniers, chargés maintenant, en plein hiver, de fruits délicieux. Mais aujourd'hui, quand on m'a offert douze cent cinquante hectares de terrain pour une charrue, je me suis rappelé que nous étions aux dernières limites de la civilisation. »

À cette époque, Baldwin vit ses bœufs et ses chevaux en si mauvaise condition, l'herbe si rare et la route si longue, qu'il se résolut à remettre ses projets à l'année suivante et à regagner le Natal.

Sur ce chemin de retour, il lui arriva une aventure nocturne que nous devons lui laisser raconter.

« Depuis neuf jours, les chariots roulaient sur une plaine immense, entièrement dépourvue d'arbres, lorsque, dans l'après-midi, par un temps superbe, je tirai sur un gnou ; j'étais à cheval et n'avais pour société que Hopeful, un magnifique limier. La route se déployait à perte de vue sans faire aucun détour. Je pris à droite pour suivre la bête, pensant qu'il me serait aisé de rejoindre la piste et de rallier les chariots, soit qu'il fallût revenir en arrière ou continuer mon chemin. La chasse m'entraîna beaucoup plus loin que je ne l'avais supposé ; les voitures avaient pris sans doute à gauche, car il me fut impossible de retrouver leurs empreintes. Le soleil déclinait à l'horizon ; je n'avais pour tout vêtement qu'une chemise et des guêtres ; le froid commençait à me saisir, et je n'étais pas sans inquiétude.

» Dès que le soleil eut disparu, les chacals se montrèrent ; un cochon de plaine sortit d'un trou ; je le tirai afin d'avoir à souper ; mais j'avais oublié mon couteau, et il me fut impossible d'écorcher la bête.

» Comme la nuit arrivait promptement, j'entravai mon cheval et me mis à chercher de la bouse de vache afin de faire du feu ; mais elle était si rare, que je dus renoncer à l'entreprise.

Avant que l'obscurité fût complète, j'enfonçai dans la terre la baguette de mon fusil, je m'emparai d'Adrien, mon cheval, et le mis au piquet, où je l'attachai avec la courroie qui ne le quitte jamais; enfin, je me pelotonnai sur moi-même, n'ayant pour abri que la petite couverture qui me sert de chabraque et n'a pas plus de 60 centimètres carrés.

» Il faisait un froid pénétrant, une gelée blanche compliquée d'une brume épaisse. Je m'étais, comme un idiot, installé près d'une mare, l'endroit le plus glacial de toute la plaine, et les grandes herbes commençaient à se couvrir de rosée. J'employai tous les moyens imaginables pour faire coucher mon cheval : je le frappai au-dessous des genoux avec mon fusil; la pauvre bête levait les jambes tour à tour, comme si elle eût marché sur des tisons, mais ne faisait pas ce que je désirais. Je m'adossai contre elle, afin de me mettre à l'abri du vent, et n'en fus pas moins glacé. Je me creusai une fosse avec les dents et les ongles, et ne parvins qu'à m'étouffer en avalant de la terre.

» Une effroyable symphonie retentissait dans la plaine : la voix des lions, des hyènes, des chacals se mêlait au rénâclement des gnous, qui détalaient avec bruit; les couaggas aboyaient et, par instants, les blesbucks et les springbucks, venus pour boire à la mare, prenaient l'alarme et, dans leur effroi, nous rasaient en fuyant.

» Craignant l'attaque des lions, j'entourai la batterie de mon fusil avec mon mouchoir pour la préserver de l'humidité, et m'assis devant Adrien, afin d'être prêt à le défendre, le goût prononcé des lions pour la chair de cheval étant bien avéré. Mais, après m'avoir tenu dans cette inquiétude pendant une heure au moins, leurs rugissements sourds, qui décrivaient autour de moi un cercle d'épouvante, s'éloignèrent peu à peu et finirent par s'éteindre.

» Hopeful exhalait par intervalles un grondement de fureur; je le gardais auprès de moi, rassuré que j'étais par sa présence. Quant à lui, sa grande occupation était de lécher avec soin deux trous qui lui avaient été faits par le sanglier. J'avais tiré celui-ci en pleine poitrine; le voyant sur les genoux, Hopeful s'élança pour le coiffer; juste comme il arrivait, la bête se releva et l'emporta sur ses crocs à une distance de quatorze pas, où elle tomba foudroyée; la balle, à ce que je suppose, lui avait traversé le cœur.

» La position devenait de plus en plus inquiétante; le froid me faisait horriblement souffrir, lorsque je m'avisai du moyen suivant : je défis les courroies de mes étriers; avec la première, je fixai les reins d'Hopeful sur mes genoux; la seconde fut passée derrière l'épaule du chien, puis entre ses jambes de devant; je la lui ramenai derrière la tête, la bouclai au dernier trou, et je me la mis ensuite en bandoulière.

» Défiant comme le sont tous les limiers, le pauvre Hopeful s'alarma dès qu'il se vit attaché; il se débattit avec une vigueur effrayante et fit claquer ses dents comme un renard aux abois. Je me couchai, l'ayant sur le corps, lui saisis le museau de la main gauche et, de ma droite, demeurée libre, je le frappai jusqu'à lui faire perdre haleine, ce qui arriva d'autant plus vite qu'il ne pouvait pas ouvrir la gueule. Tout d'abord sa fureur en augmenta; il écumait comme s'il avait été enragé; un instant, j'eus peur de l'avoir tué; mais il recommença la lutte avec une force qui dissipa toute inquiétude. Je resserrai les étrivières et recommençai le même traitement, ce que je fis à diverses reprises. A la fin, il reconnut ma voix et ne bougea plus de la nuit. C'est à la chaleur qu'il m'a communiquée, à elle seule, que je dois de n'être pas mort; j'en ai la ferme conviction. Le froid a dû être, cette nuit-là, d'une rigueur exceptionnelle, car j'ai vu des gnous qui en étaient raidis au point de ne pas pouvoir remuer.

» Dès que j'eus retrouvé le complet usage de mes membres, je fis un violent exercice afin de rétablir la circulation. Puis, gagnant l'endroit le plus élevé que je pus découvrir, je tirai d'abord un coup de fusil dans une fourmilière pour ne pas perdre ma balle, puis je rechargeai le canon d'une énorme quantité de poudre que je bourrai fortement avec six pouces d'herbe. La détonation fut effroyable, mais n'obtint pas de réponse.

» Enfin, vers quatre heures du soir, je ralliai mes compagnons Proudfoot et Schikkerling, qui m'avaient cherché toute la matinée.

» Je m'estimai fort heureux d'avoir regagné les chariots : il fallait sept journées de marche pour atteindre la première habitation et, alors même que j'aurais eu du feu et des aliments, je n'aurais certes pas résisté à une seconde nuit pareille à la précédente. »

Mais Baldwin ne devait pas encore rentrer au Natal. Chemin faisant, il rencontra un certain M. Vermaas qui allait dans le Mérico, et il le suivit, toujours dans le but de chasser la girafe. Mais le fils de ce boër arrivait du centre, en compagnie de Swartz, autre boër du Mérico, célèbre chasseur d'éléphants. Ces deux chasseurs avaient fait une glorieuse expédition, tué vingt éléphants et, en outre, acheté aux Cafres une grande quantité de défenses.

La vue de cet ivoire inspira aussitôt à Baldwin l'idée de se rendre au pays où on se le procurait. Swartz devant y retourner avant peu, il prit avec lui des arrangements. Le 23 juin, il arrivait chez ce boër qui habitait à l'extrémité du Mérico, contrée charmante, très fertile, bien boisée, suffisamment pourvue d'eau, mais où le gibier est rare.

« Impossible, dit Baldwin, de trouver une hospitalité plus large que celle dont je jouis. Tous les boërs des environs nous accueillent de la façon la plus cordiale, et Swartz a une table excellente. Il a, pour ainsi dire, maison ouverte ; chaque jour des allants et des venants, et pour tous un verre d'eau-de-vie du Cap. Jamais les flacons ne rentrent dans le buffet, et la journée se termine invariablement par le tir à la cible, auquel tous ces boërs sont extrêmement adroits. Une cheville de joug ou même une bouteille mise à cent pas, voilà le but le plus ordinaire; les fins tireurs le méprisent et réclament des fioles à eau de Cologne pas plus hautes qu'un verre et qui, à cent mètres de distance, paraissent singulièrement réduites; néanmoins ce but est encore souvent brisé.

On fait aussi des courses de chevaux; les conditions de la lutte sont de mettre la bride sur le cou de la bête, et le cavalier, frappant des talons et des poings, les cheveux et les bras au vent, doit parcourir 1000 mètres.

Les boërs sont très grands musiciens, fort amateurs de danse et paraissent mener une vie excessivement heureuse. Ils sont primitifs, hospitaliers et généreux, se marient très jeunes, parviennent presque tous à un âge avancé, ont une nombreuse famille, sont, pour la plupart, dans une grande aisance et prennent le temps comme il vient. Toutefois, quelques-uns des plus pauvres sont obligés de travailler dur, et pour eux la vie est rude; mais ils n'ont pas beaucoup de besoins et sont élevés de manière à y pourvoir eux-mêmes. Excepté les épices, quelques images, une grosse étoffe velue appelée peau de taupe, de la poudre et du plomb, ils n'achètent jamais rien : tout le reste est de leur production ou de leur fabrique.

Trois mois furent employés à faire les préparatifs nécessaires à l'expédition projetée. Entre autres, on revêtit de toutes les couleurs de l'arc-en-ciel un chariot destiné à être vendu à Mosilikatsi, chef des Tébélés.

Le 15 septembre on se mit en route, avec trois chariots, neuf chevaux et quarante-deux bœufs, pour le territoire de Séchéli, puissant chef des Betjouanas, converti au christianisme par Livingstone, en 1849. On en était séparé par quatre jours de marche.

Le 19, Baldwin tua sa première girafe.

Des indigènes rencontrés en route, ayant informé les

chasseurs qu'ils avaient croisé la piste fraîche d'une troupe de girafes, Baldwin et Swartz suivirent cette piste pendant 6 ou 7 kilomètres, et finirent par apercevoir un détachement de sept à huit bêtes.

Ils partirent à toute bride, franchissant les buissons et les pierres, et après une traite assez longue, Baldwin parvint à gagner les fugitives. Il montait un cheval nommé Bryan, animal assez mal tourné, mais dont les qualités rares faisaient oublier la laideur.

« Je n'en étais pas à vingt mètres, écrit Baldwin, lorsque Bryan s'arrêta court, tremblant de tous ses membres, ayant peur de ces grandes bêtes à l'allure maladroite. Je l'éperonnai d'une façon vigoureuse et lui fis tenir le dessus du vent pour l'empêcher de sentir la girafe, dont les émanations très prononcées effrayent les chevaux qui n'en ont pas l'habitude.

» Nous débouchâmes dans la plaine ; Swartz à quarante ou cinquante pas de la bande, moi derrière lui, à peu près à la même distance. A la vue d'un autre cheval, Bryan reprit courage ; il bondit, fut immédiatement à côté de celui qui le devançait, prit la tête et allait fondre sur les girafes quand elles se rembuchèrent. Peu de temps après, Swartz détournait une femelle que précisément j'avais distinguée. Je me mis aussitôt à la poursuite d'un mâle gigantesque ; il s'enfuit en bondissant, la queue roulée comme un tire-bouchon, parcourant d'un saut l'espace que je ne pouvais franchir qu'en trois pas.

» Bryan se précipitait, sans souci des épines, écrasant tout devant lui, me mettant les mains et la chemise en lambeaux.

» Arrivé cependant au niveau de la bête, je lui envoyai ma balle, qui l'atteignit dans le haut du cou, mais ne produisit aucun effet. Alors, modérant l'allure de Bryan, je rechargeai mon fusil ; j'avais conservé le petit galop ; aussi quelques instants me suffirent-ils pour reprendre notre ancienne position.

» Au moment où je pesais sur la bride afin de mettre pied à

terre, mon cheval se heurta contre un hallier qui lui fit faire un mouvement de recul; la girafe, pendant ce temps-là, prit une avance de 100 mètres. J'eus bientôt regagné le terrain perdu. Je voulais tourner la bête; mais elle filait comme un vaisseau à pleines voiles, battant l'air de ses pieds de devant, dont elle me rasait presque l'épaule. Si j'avais pu

BALDWIN TUE SA PREMIÈRE GIRAFE.

descendre, j'aurais cent fois eu l'occasion de tirer; mais impossible d'arrêter, car Bryan ne sentait rien du mors. Toutefois, chez lui, pas le moindre signe de défaillance; toujours la même ardeur. Je le rapprochai de l'animal, en tenant mon fusil d'une main. Lorsque je ne fus plus qu'à deux mètres de la girafe, je tirai droit à l'épaule.

» Le recul me lança mon fusil par-dessus la tête, et faillit me briser le doigt. Quant à la girafe, elle avait l'épaule pulvérisée et tomba raide avec un épouvantable fracas. J'avais chargé au hasard et mis sans doute une énorme quantité de poudre.

» Bryan fut arrêté du coup; je le dessellai même avant d'avoir regardé ma girafe, la première que j'abattais, et, prenant la petite couverture qui était sous la selle, je me la posai sur la tête pour me préserver du soleil, dont les rayons étaient brûlants.

» Je devais avoir fait près de 8 kilomètres, toujours en ligne droite, franchissant des roches, traversant les halliers, et pendant 15 à 1600 mètres suivant l'animal à vingt pas, au milieu des cailloux qu'il faisait jaillir et qui parfois me sifflaient au-dessus de la tête.

» Swartz, que j'avais dépassé, tua sa femelle d'un coup tiré par derrière, à une distance d'environ 100 mètres. »

Le 21, la caravane arrivait à Kolobeng, où elle vit les ruines de la maison de Livingstone, maison saccagée, en 1852, par les boërs du Transvaal, lors d'une razzia faite par eux sur le territoire de Séchéli[1].

Le 23, elle recevait la visite de ce dernier. « Un beau Cafre, dit Baldwin, bien vêtu, à l'air intelligent, mais qui a trop bonne opinion de lui-même. Il ne veut pas que l'on chasse sur ses terres et commença par nous prier de déguerpir.

» Il trouvait, d'ailleurs, que j'avais manqué d'usage en n'allant pas tout d'abord lui présenter mes respects. J'ai essayé de lui faire comprendre que tel était mon désir, mais que j'ignorais le chemin de sa résidence, et qu'ayant voulu m'approcher de quelques femmes pour le leur demander, celles-ci, au lieu de me répondre, avaient pris la fuite en appelant au secours. Enfin, pour lui prouver les bonnes dispositions que j'avais à son égard, je lui ai fait un présent; il m'a serré la main et nous nous sommes quittés très bien.

» En partant de la résidence de Séchéli, j'ai fait une longue

---

1. Nous avons raconté cet événement dans notre *Abrégé des explorations de Livingstone*, pages 25 et 26.

marche en dehors de la route, afin de nous procurer de l'eau. Presque toutes les terres que nous avons vues étaient cultivées en jardins; les femmes du pays ont énormément travaillé.

» L'endroit où nous nous arrêtons le 26 est appelé Kapong; nous y attendons Séchéli, avec qui nous devons partir mardi soir. La première eau que nous trouverons ensuite est à trois jours de marche. Cela me désole pour les chevaux, surtout pour les bœufs, qui auront jour et nuit trois chariots à traîner, et la plupart du temps dans un sable profond. Ici le pays est plat et d'un parcours difficile; le fourré est continu, le soleil dévorant; du sable, aucun gibier. Je n'ai pas déchargé mon fusil depuis deux jours; il faudra ce soir tirer à la cible pour nous entretenir la main.

» Nous avons eu un magnifique orage, qui vaut pour nous tous les trésors du monde, car il est probable que grâce à lui nos animaux trouveront à boire sur la route. Chacun de nous était occupé à convertir en amphores des œufs d'autruche, des vessies, des cornes de bœuf, tout ce qui pouvait contenir quelque chose.

» Séchéli est arrivé à cheval, le 28, escorté de soixante hommes et suivi d'un certain nombre de bœufs de charge, portant des objets de troc. Il m'avait bien amusé le jour où nous avons quitté sa résidence, en venant nous faire ses adieux, à la tête de ses gardes du corps, un sabre nu au poing. Aujourd'hui, changeant d'idée, il ne veut plus nous accompagner. Depuis midi il est en marché avec Swartz pour le chariot dont la peinture nous a donné tant de peine, et qui était destiné à Mosilikatsi.

» Définitivement, c'est lui qui achète la voiture : il le paye 360 kilos d'ivoire, ce qui représente près de 6 300 francs, car il est entendu que les défenses seront d'un beau volume. »

Le 1ᵉʳ octobre, dans toute l'ardeur d'une chasse à la girafe, Baldwin fut emporté par son cheval Bryan au milieu d'un fourré d'*attends-un-peu*, qui le mit en lambeaux, lui enleva son fusil et le lança au loin. Tout ce qu'il put faire, ce fut de se maintenir en selle. Il dut revenir sur ses pas pour ramasser son arme; puis il reprit la piste, atteignit la girafe et lui traversa le cœur d'une balle.

Mais, le lendemain, il dut se remettre entre les mains de deux Cafres, qui lui travaillèrent les jambes pendant une partie de l'après-midi. Ils en extrayèrent quarante-deux épines. Ses mains étaient plus malades encore; elles avaient enflé, suppuré et amené un douloureux accès de fièvre.

Les broussailles si justement nommées par les boërs *wagt-en-beetje* (en anglais *wait-a-bit*, en français *attends-un-peu*) sont tout ce qu'il y a de plus effroyable, et il faut bien *s'arrêter un peu*, comme l'indique le nom en hollandais, si elles s'attachent aux vêtements.

Elles forment une cime carrée, inflexible, épaisse, armée d'épines trapues, à doubles crochets acérés. Aucun vêtement, de quelque nature qu'il soit, ne résiste à leur extrémité fixe et tranchante, et plus on fait d'efforts pour s'y soustraire, plus on s'enferre. Il n'est pas de cheval, de chien, de bœuf, de Cafre, ni d'Européen qui les affronte volontairement. Enfin, elles ne se contentent pas de déchirer, elles sont des plus venimeuses.

Le 8 octobre, Baldwin vit, pour la première fois, l'harris-buck, antilope du genre *égacère*, tirant son nom du capitaine Harris, qui le vit le premier dans les monts Kashan. Ses cornes, de trois pieds de longueur, sont aplaties et se recourbent gracieusement en forme de cimeterre; sa crinière, épaisse et noire, s'étend jusqu'au milieu du dos, à partir des oreilles, qui sont d'un châtain vif; le manteau, d'un noir de jais, contraste avec le blanc de neige de la face et du ventre. Ce joli animal habite les lieux les plus escarpés.

Ce fut de très loin, et sur le flanc d'une montagne à pic, que Baldwin aperçut cette antilope. Au roulement des chariots, elle s'éloigna d'un pas majestueux et s'arrêta quand elle se senlit en sûreté. Impossible de la poursuivre sur cette déclivité.

Baldwin, à cette époque, commençait à se lasser de la compagnie des boërs, et se promettait de ne plus jamais voyager en leur compagnie.

« À peine, dit-il, sont-ils au-dessus des Cafres ; ils ne connaissent rien en dehors de leurs chariots et n'ont jamais ouvert un livre quelconque. Leur ignorance est poussée aux dernières limites ; ils ne savent pas même ce qui est familier à tous les enfants d'Europe, et vous adressent les questions les plus absurdes. Ils emploient tous leurs loisirs à fumer leur pipe en avalant du café. Je ne comprends pas comment ils supportent l'existence. D'interminables récits de leurs exploits de chasse, que vous savez par cœur, sont la seule chose que vous puissiez en tirer, et leur superstition est presque égale à celle des Hottentots.

» Nous avons parmi nous un de ces derniers, une petite brute crasseuse, qui, lorsque je lui reproche de ne jamais se laver, me répond qu'il attend pour cela d'être arrivé dans son pays, où l'eau ne renferme pas de serpents. Les boërs, à cet égard, ne valent pas beaucoup mieux : ils n'entrent jamais dans une rivière, sous prétexte qu'un homme a été jadis mangé par un crocodile[1]. »

Le 25 octobre, la caravane s'arrêta au bord d'une eau limpide où elle attendit la réponse de Mosilikatsi.

Ce chef fameux avait fui, vers 1834, la domination du féroce Dingan, chef des Zoulous, dont il est parlé plus haut, et s'était retiré avec ses Cafres Tébélés, ou Matébélés[2], au sud du Zambèze. Il a longtemps disputé à Sébitouané la possession de la vallée moyenne du fleuve et il est demeuré l'ennemi de Sékélétou[3]. Actuellement, sa puissance est parfaite-

---

1. Un peu plus haut, Baldwin ne donne pas des boërs une aussi sévère appréciation.
2. Le préfixe *ma* ou *ba* équivaut à notre article défini *les*. *Matébélés* veut donc dire *les Tébélés*.
3. Voir, en ce qui concerne Sébitouané et Sékélétou, notre *Abrégé des explorations de Livingstone*, pages 21 et 27.

ment constituée, et il peut mettre en ligne plus de quarante mille guerriers.

« Persuadé que nous étions des espions, dit Baldwin, Mosilikatsi nous laissa pendant deux mois au bord de cette rivière. Non seulement il ne permettait pas à notre bande de mettre le pied dans ses États, mais il avait envoyé une troupe assez forte pour surveiller nos mouvements, tandis que plusieurs escouades parcouraient ses frontières afin de le prévenir de ce qui se passait. Des boërs, partis pour aller chasser au nord du Limpopo, ayant aperçu l'un de ces corps d'observation, reprirent immédiatement la route du sud-ouest, bien que le but de leur voyage fût de se rendre au nord-est.

» Mosilikatsi n'en fut qu'un peu plus inquiet : des blancs qui abordaient son territoire par deux routes différentes devaient nécessairement s'être entendus ; le complot lui semblait si évident, qu'il s'attendait à voir commencer l'attaque. Sa consolation était de penser qu'il nous avait sous la main, et qu'à la première tentative d'envahissement, il nous ferait subir la peine des espions et des traîtres.

» Ne sachant rien de tout cela, nous espérions qu'il répondrait à notre message, et, en attendant, je profitais de la rivière pour me baigner.

» Le 27, j'eus la joie de coucher bas mon premier harrisbuck. Ils étaient quatre, au milieu d'une foule de couaggas[1]. John, qui les découvrit avant moi, m'appela d'un signe et la chasse commença. Je courus au large à fond de train, pen-

---

1. Le couagga (*Equus Quaccha*) rappelle le cheval par la petitesse de sa tête et la brièveté de ses oreilles, mais il a la queue, la bande dorsale et les barres transversales de l'âne. Son poil, sur le cou et les épaules, est brun, rayé en travers d'un gris blanc tirant sur le roussâtre ; sa croupe est gris roussâtre et ses jambes blanchâtres. Cette variété du genre cheval paraît limitée à l'Afrique australe, où elle habite les plateaux de la Cafrerie. Divers voyageurs l'ont désignée sous le nom de *cheval du Cap*. Quant à celui de *couagga*, il lui a été donné à cause de son cri : *couagg!* qui a quelque analogie avec celui du chien.

dant que John les suivait. Ils s'arrêtèrent pour le regarder. Je sautai de cheval; le coup de John, qui les avait manqués, les fit bondir, et, au moment où ils repartaient, ma balle traversa la croupe du dernier, que je vis s'abattre avec la joie la plus vive. »

Le même jour, au coucher du soleil, Baldwin était en train de nager, quand deux coups de feu retentirent du côté des

HARRISBUCKS.

chariots. Au même instant, il vit passer à toute vitesse un rhinocéros noir, serré de près par les chiens, qui ne tardèrent pas à le mettre aux abois. Neuf coups de feu, tirés par six individus, furent adressés à la bête, et l'auraient tous frappée derrière l'épaule, s'il avait fallu en croire les tireurs; mais, après la mort de l'animal, on ne trouva que quatre balles, dont l'une dans la culotte. L'un des chiens, nommé

Smouse, fut secoué de la plus rude façon; il pesait au moins 50 kilos, et le rhinocéros s'en joua comme d'un simple fétu de paille. Il devait être broyé; mais, heureusement, il en fut quitte pour quelques meurtrissures.

Peu de jours après, Baldwin s'amusa à chasser des babouins avec de puissants limiers. Un de ces grands singes passant un jour en vue de la cabane qu'il habitait, il lança les chiens, qui le poursuivirent avec ardeur. Après une course

BABOUINS.

de 3 kilomètres, se voyant serré de près, il essaya de se brancher; mais les chiens le saisirent et le forcèrent à renoncer à l'escalade. Se retournant alors, il s'adossa à l'arbre et fit une défense si vigoureuse, que les chiens reculèrent et attendirent l'arrivée de leur maître pour fondre sur lui. La victoire leur resta; mais plusieurs d'entre eux emportèrent de la lutte d'effroyables morsures.

Un autre jour, chassant à pied dans la forêt d'Entuméni, il se trouva en butte à la colère d'un vieil éléphant qu'il avait blessé. Poursuivi par la bête, il gravit le fond d'une gorge où

CHASSE AUX RHINOCÉROS (P. 89).

elle l'avait acculé ; puis il grimpa sur un arbre, et l'éléphant ne se trouvant plus qu'à 4 mètres, il franchit d'un bond une distance de 9 mètres à angle droit et tourna la colline à toute vitesse. L'éléphant, sonnant la charge, se mit à sa poursuite ; il allait le saisir ; un saut de côté le mit hors de sa route. L'animal passa, écrasant tout devant lui, incapable de s'arrêter, tant la colline était raide, tant son élan était furieux.

UNE NUIT DANS LE DÉSERT.

Baldwin était sauvé ; mais il se promit de ne plus s'exposer, à l'avenir, à semblable aventure sans le secours d'un bon cheval.

Le 23 novembre, il partit de bonne heure, avec sa chienne Donna et un Cafre qu'il avait pris pour guide. Par malheur, celui-ci ignorait son chemin, si bien que Baldwin erra pendant quarante heures sans prendre de nourriture et qu'il passa la nuit en plein désert.

Ce ne fut qu'à la fin du second jour qu'il réussit à gagner un kraal de Betjouanas. Baldwin avoue que la vue de

BALDWIN CHASSANT A PIED DANS LA FORÊT D'ENTUMENI.

ce village lui causa la plus grande joie qu'il eût éprouvée de sa vie. Ce kraal était enfoui dans des roches dont chaque saillie, chaque fissure servait d'abri à un troupeau de chèvres.

Les habitants firent bon accueil à Baldwin. Ils lui donnèrent une case, y étendirent une couche de feuilles et lui apportèrent du grain bouilli.

C'était la première fois que ces braves gens voyaient un homme blanc. Ils venaient tous l'examiner; sa barbe les

CHEZ LES BETJOUANAS.

plongeait dans un étonnement profond, ils la croyaient postiche, et ne furent convaincus de sa réalité qu'après l'avoir tirée à diverses reprises.

« Dans ce district, dit Baldwin, il m'arriva une aventure de chasse dont je garderai la mémoire.

» Je poursuivais une antilope rouanne. Quand je l'aperçus, elle arrivait au galop, évidemment poursuivie. J'essayai de lui couper le chemin, galopant moi-même à toute vitesse et conservant un arbre entre nous. Luister, sur lequel j'étais monté, n'ayant rien fait depuis longtemps, était plein de vigueur. A cent pas de l'antilope, je sautai de cheval et manquai mon coup de la façon la plus nette, bien qu'en passant la bête m'offrît le travers.

» J'avalai mon ennui le mieux que je pus, rechargeai à la hâte et repris la chasse. En ligne droite, celle-ci est toujours longue; vers la fin du cinquième kilomètre, la distance qui nous séparait n'était pas diminuée. Le fourré devenant plus épais, je fis un détour d'une centaine de pas, avec l'espoir de gagner du terrain dès que la bête ne me sentirait plus derrière elle. Effectivement, quand elle déboucha dans la plaine, j'avais gagné une trentaine de mètres.

» L'antilope s'en aperçut et reprit son entière vitesse; elle fuyait à toute vapeur, et j'allais m'arrêter, en désespoir de cause, lorsque le vent m'apporta le bruit de sa respiration haletante : elle avait la bouche ouverte, et le souffle s'en échappait à flots pressés; évidemment, elle serait bientôt rendue. Mais Luister aussi respirait avec effort; le sol, effroyablement pierreux, le forçait à chaque instant de changer de pied, de modifier son allure; il n'allait que par sauts et par bonds, toujours en l'air comme un volant rejeté par la raquette.

» Cependant je gardais une lueur d'espoir : que le terrain s'améliorât, je tirerais la bête à longue portée. Aussi m'appliquais-je à bien gouverner mon cheval : je l'éperonnais avec force et le retenais de la bride, afin de lui ménager un vigoureux élan dès que l'occasion s'en présenterait. De cette manière, je me maintins à deux cents mètres de l'antilope, dont je vis les bonds se raccourcir en arrivant à une rivière desséchée.

» C'était le cas ou jamais! J'enlevai Luister de la main et de l'éperon. Il partit comme une flèche, et, sûr que j'étais de l'arrêter du premier coup de bride, car il est admirablement dressé, je ne modérai sa course qu'à une vingtaine de pas de la rive. La magnifique antilope sembla comprendre qu'elle était à l'instant décisif : plus rapide que jamais, elle franchit la berge, faisant voler derrière elle sable et cailloux, qu'elle lançait avec bruit.

» En un clin d'œil je fus à terre, je me calmai, respirai largement, avançai le pied gauche, le plantai ferme, et tirai dès que l'antilope fut au bout du fusil ; une balle admirable, qui entra juste à la naissance de la queue, brisa l'échine, traversa les poumons et tua la bête à cent vingt pas.

» L'animal fut soigneusement dépouillé, et j'en rapportai la peau entière. Je n'ai jamais plus souffert qu'en faisant cette opération : une armée de fourmis noires, un soleil dévorant, mon couteau émoussé, et la peau de la bête aussi dure que le cuir d'un soulier de chasse.

» Il ne me reste plus à découvrir que deux ou trois espèces pour avoir un échantillon de toutes les variétés d'antilopes dont j'aie eu connaissance dans l'Afrique australe. »

Le lendemain, après 60 heures d'absence, Baldwin regagna les chariots. Encore ne les aurait-il pas retrouvés sans l'assistance des gens du village, tant cette contrée est recouverte d'un manteau uniforme. Partout la forêt, ou plutôt le hallier ; pas de cours d'eau, rien que le soleil qui puisse diriger la vue.

Pour comble d'ennui, le gibier était rare dans les environs du camp et d'un accès très difficile.

« N'ayant rien à faire, dit Baldwin, je vais causer avec Rafféta et Kleinboy (ses serviteurs cafres).

» Ils me racontent qu'ils chassaient un jour aux environs du Grand-Lac[1] ; ils étaient largement à huit cents pas du bord de l'eau, quand ils virent un crocodile de $3^m,50$ c. de long, solidement enclavé dans la fourche d'un arbre, à $2^m,75$ du sol, et respirant encore. Suivant eux, c'était un éléphant

---

[1]. Ce qu'on appelle dans cette partie de l'Afrique « le grand lac » n'est pas le Ngami, dont nous parlerons au chapitre suivant.

qui l'aurait porté là par vengeance. Les crocodiles ne manquent jamais de tourmenter celui-ci quand il va boire ou prendre son bain; ils lui mordent les jambes ou la trompe; et Rafféta et Kleinboy, qui adorent le merveilleux comme tous les Hottentots, prétendent que le sagace animal, irrité par le monstre, lui a servi un plat de son métier. Si le fait est vrai, ce que je ne mets guère en doute, je ne vois pas d'autres explication à lui donner. »

Après avoir attendu inutilement pendant deux mois la ré-

CHASSE AUX MAMBAS.

ponse de Mosilikatsi, qui s'était contenté de recevoir leurs présents, sans leur accorder l'autorisation de chasser chez lui, les chasseurs se décidèrent à lever leur camp et à quitter le territoire des Tébélés. C'était le 9 décembre.

Le même jour, Swartz tua, dans le chariot, un mamba de $2^m,75$ de longueur; c'est le plus venimeux des serpents de cette région. La veille, Baldwin avait failli marcher sur un de ces reptiles qui mesurait $3^m,60$; il échappa aux sagaies et aux bâtons, prit les devants et finit par gagner un trou dans lequel il disparut comme par magie. On l'atteignit plusieurs fois ; mais il s'aplatissait tellement qu'il n'en fut pas blessé et n'en devint que plus furieux.

Les chasseurs avaient pour servante une vieille Hottentote, nommée Ida, dont Baldwin fait un portrait des plus humoristiques.

« C'est, dit-il, l'une des vaches maigres de Pharaon ; sa taille, droite et raide comme une barre de fer, est de beaucoup au-dessous de la moyenne. Un cou très long, d'une maigreur raboteuse ; les plus petits yeux du monde ; pas de nez, mais deux narines énormes ; des pommettes saillantes, des joues creuses, une large bouche, de très grosses lèvres, absolument de la même teinte que le jus de mûre ; un front très bas et une petite tête. Je crois qu'il y a sur cette dernière quelques flocons de laine, d'environ un pouce de hauteur ; mais, comme elle est toujours enveloppée d'une marmotte, je n'en suis pas bien sûr. Ida peut avoir de cinquante à soixante ans ; on la rencontre rarement sans une pipe courte et noire à la bouche ; elle porte un collier, des boucles d'oreille, des bracelets et un châle de couleur aussi voyante que le mouchoir qui lui couvre la tête. Elle est d'un cuivré jaunâtre et son ensemble est aussi laid, pour ne pas dire aussi affreux, qu'il a été possible à la nature de le faire ; mais elle a, comme tous les gens de sa race, les mains et les pieds les plus petits, les plus délicats et les plus parfaits qui existent.

» Ce croquis n'a rien d'exagéré ; au contraire, je suis loin d'avoir rendu justice aux yeux. Sans doute, ces yeux voient tout aussi loin que n'importe lesquels ; mais je défie qui que ce soit de dire ce qu'ils regardent. Tout ce que l'on peut faire, c'est de constater qu'ils existent. D'ailleurs, ils sont privés de cils et de sourcils ; et l'éclat d'un soleil féroce les a tachetés de rouge et rendus larmoyants. »

Le 17 décembre, on rencontra une quantité de gibier et l'on tua deux girafes et quatre rhinocéros. Ce fut, assure

Baldwin, la chasse la plus amusante qu'il eût faite depuis son départ de Mérico. Le lecteur va juger de ce que cet homme intrépide nomme une récréation.

Une troupe de buffles, d'une centaine de têtes au moins, se leva sur la droite, en avant de la girafe qu'il avait séparée. La bande fut bientôt distancée, car Swartz et lui allaient d'un train d'enfer.

Sa girafe prit sur la gauche et, continuant à la suivre, il eut derrière lui les buffles qui arrivaient à toute vitesse, accompagnés de rhinocéros.

Sa position, on le comprend, n'était rien moins que rassurante, car si son cheval était tombé, la masse lui eût passé sur le corps et il était réduit en atomes. Mais, grâce à la rapidité de leur course, les chasseurs furent bientôt loin des animaux qui les poursuivaient; Baldwin tira sur la girafe; Swartz arriva sur ces entrefaites et acheva la bête, blessée un peu trop bas. Baldwin fit feu ensuite sur une femelle de rhinocéros qui fuyait au plus vite et la tua sur le coup; la balle lui avait brisé l'épine dorsale, chose, affirme notre chasseur, qui arrive très rarement.

Le 6 janvier 1858, la caravane arrivait chez Swartz et, trois ou quatre jours après, Baldwin se rendit à Bloemfontein, l'une des principales villes de la république d'Orange. Il possédait alors cinquante-quatre bœufs, qui, à l'exception d'un seul, arrivèrent sains et saufs au terme du voyage.

CHAPITRE II

DU MÉRICO AU LAC NGAMI

« Vers la fin de l'été, en février 1858, dit Baldwin, j'avais vendu tous mes bœufs à Bloemfontein. L'opération avait été bonne; elle me permit d'acheter un chariot, des chevaux, des chiens, des denrées, de la poudre, du plomb, de l'étain, des capsules et des pierres à fusil. C'est avec beaucoup de peine que je me procurai ces derniers articles. Je n'y serais même pas parvenu si deux amis ne s'étaient portés caution et n'avaient garanti que je ne céderais pas aux Cafres la moindre quantité de ces objets. Grâce à eux, je fus enfin autorisé par le président Boschoff à circuler avec mes munitions, et à me transporter avec elles chez les peuplades de l'intérieur. Il n'en fallut pas davantage pour satisfaire les officiers que je rencontrai depuis Bloemfontein jusqu'au Vaal, dont les rives séparent l'État libre d'Orange de la République transvaalienne.

» Malheureusement, la paix était troublée entre ces deux États, et j'avais à peine franchi la frontière qu'un officier transvaalien m'interrogea sur le contenu de mon chariot, et me demanda en vertu de quel droit je voiturais ces munitions. Je tirai mon permis avec une entière confiance, m'imaginant qu'il allait produire son effet habituel; mais aussitôt que le cornette[1] y eut jeté les yeux, il cracha dessus et le foula aux pieds en proférant mille injures; il finit par me déclarer que

---

1. Grade équivalent à celui de sous-lieutenant.

j'étais prisonnier et que j'allais être conduit à Mooi-River, pour comparaître devant mijnheer Prétorius.

« Je montai donc à cheval et partis immédiatement, accompagné de trois boërs, laissant derrière moi tous mes équipages. Nous arrivâmes le lendemain vers trois heures, et l'on me traîna aussitôt devant l'autorité, sous l'inculpation de contrebande de munitions de guerre. Chemin faisant, j'avais rencontré un de mes amis du Natal et je l'avais prié de me servir d'interprète; mais le magistrat lui ordonna de sortir sans vouloir l'écouter, et s'époumonna à me lire une foule d'articles de lois dans une langue dont je ne comprenais pas un mot.

« Il voulut me faire entendre que les charges qui s'élevaient contre moi étaient des plus graves; que j'étais évidemment un émissaire de Boschoff, ayant pour mission de porter cette poudre aux indigènes afin qu'ils pussent attaquer le pays du Transvaal et seconder les Orangiens; que mon crime était le plus grand que je pusse commettre : aussi la potence même était-elle un supplice trop doux pour moi.

« De nombreux amis intercédèrent en ma faveur et finirent par me faire relâcher; mais il ne me fut laissé que neuf kilos de poudre sur soixante-sept, et quarante-cinq kilos de plomb sur deux cent vingt-cinq; des capsules et des pierres à feu, en proportion. Le reste fut confisqué par le gouvernement, et je fus obligé de me contenter de la minime part que l'on voulait bien m'accorder. On me permit d'emporter mes quatre fusils; mais je devais les représenter en revenant, car on en prit bonne note.

« Mon vieil ami Franz Joubert, dans l'intention de m'être utile, était venu de Maquazi (deux journées de marche à cheval) pour affirmer au magistrat que, de tous les hommes, j'étais le dernier qui consentirait à donner de la poudre aux indigènes; qu'à diverses époques j'avais refusé de leur en vendre un seul grain à n'importe quel bénéfice, tandis que je lui en avais cédé deux sacs au prix coûtant. Il produisit des témoins du fait et n'épargna rien pour en établir l'évidence. Sur cette déposition, le magistrat m'incrimina pour avoir fait le commerce de poudre sans y être autorisé, contravention qui entraîne une pénalité assez forte. Cette charge néanmoins tomba comme la précédente, et je pus enfin continuer mon voyage. Ma détention avait duré dix jours; d'ailleurs, en m'obligeant d'aller à Mooi-River, on m'avait beaucoup éloigné de la route que j'avais eu l'intention de suivre.

« Je retrouvai Swartz dans le Mérico, et nous allâmes ensemble jusqu'à Letloché, où nous nous séparâmes, après avoir fait quatorze jours de marche; il retournait chez Mosilikatsi, et je me dirigeais vers le lac Ngami[1]. »

Cette séparation eut lieu le 17 avril. Complètement livré à lui-même, notre chasseur se trouvait seul, dans les déserts de l'Afrique australe, avec trois Cafres, deux Hottentots, nommés Matakit et Inyous, un écuyer, un chariot et son conducteur, dix-huit bœufs de trait, une vache et son veau, cinq chevaux de selle. Il avait de la poudre et du plomb, des grains de verre, du fil de cuivre, de la farine, du thé, du café, du sucre, etc., au moins pour un an; de plus, une douzaine de bouteilles d'eau-de-vie et un tonneau de bon madère du Cap.

C'était un rude voyage que celui de gagner le pays où se tiennent les éléphants, et Baldwin ne comptait pas l'atteindre avant trois semaines. Mais à part son chariot, qui ne lui inspirait pas grande confiance — il était fait depuis vingt-sept ans et sa membrure était passablement disjointe, — notre chasseur avait tout ce qui est nécessaire pour explorer cette région : la santé, la force, l'habitude du climat, un fonds inépuisable de bonne humeur et un certain art de gagner les

---

1. Ce lac d'eau douce, situé par 21° de latitude sud, a été découvert par Livingstone, le 1er août 1849. Voir notre *Abrégé des explorations de Livingstone*, pages 18 et 20.

bons offices des indigènes, Cafres, Betjouanas et Hottentots.

Si l'éléphant n'existe que très rarement dans le canton que traversait alors Baldwin, — le désert de Kalahari, — les girafes, en revanche, n'y manquent pas, et il put en abattre quelques-unes.

« La girafe se fait bien chasser, dit Baldwin, et la poursuite en est entraînante. Dans le Kalahari, elle est d'un farouche qui permet rarement de l'approcher à plus de cinq ou six cents mètres; il est vrai que, si elle part à cette distance, elle n'a recours à toute sa vitesse que lorsqu'on n'est plus qu'à une soixantaine de pas. On la voit alors tordre sa queue et fuir avec la rapidité du vent. Son corps se réduit à peu de chose; elle est tout en jambes et en cou; mais une femelle grasse forme un manger délicieux. »

Le 5 mai, la caravane atteignit la rivière Chapeau ou Beau-klekky — la Batletlès de Livingstone. C'est un affluent du lac Ngami.

Quelques jours après, six girafes avaient été tuées. L'une d'elles, à qui la balle de Baldwin avait traversé le cœur, se trouvant lancée à fond de train, alla se jeter dans la triple enfourchure d'un bauhinia, où elle resta prise par le cou à près de quatre mètres de hauteur; elle mourut ainsi enclavée.

Le 17 mai, il aperçut pour la première fois des léchés[1], et, du premier coup, tua un beau mâle, à trois cents pas.

Le même jour, il troqua un vieux fusil contre un petit Sara[2] d'environ deux ans qui se trouvait entre les mains de quelques Bamangouatos revenant de chasser les bêtes à fourrure dans le pays du chef Sicomo. Ils l'avaient ramassé sur leur route, et l'auraient certainement abandonné en plein désert, au premier jour de disette ou de fatigue, si Baldwin ne s'en était pas chargé. Notre chasseur le nomma Léché, en

---

1. Belle antilope qui se tient au bord de l'eau. Cette espèce a été découverte par Livingstone.
2. Synonyme de *Boschiman*, mot qui signifie homme des bois ou vagabond.

souvenir de son heureuse chasse du matin. C'était un petit garçon intelligent, vif, réjoui, et Baldwin l'aima bientôt de tout son cœur.

La journée du 24 mai fut pour notre héros l'une des plus misérables de sa vie. Ici encore nous le laisserons faire lui-même ce triste récit:

GIRAFE PRISE PAR LE COU (P. 103).

« C'était le dimanche de la Pentecôte. N'ayant pas l'intention de me mettre en route ce jour-là, je me levai un peu plus tard que d'habitude et remarquai chez mes gens un silence qui ne présageait rien de bon. Comme je prenais mon café, Raffler, le conducteur du chariot, s'avança et, parlant au nom de ses camarades :

« Nous avons l'intention, me dit-il, de chercher le sentier qui ramène au pays. »

» Tous, en effet, semblaient prêts à partir; mais je ne pris pas la chose au sérieux et je répondis à Raffler :

« Très bien; faites ce que vous voulez. »

» Immédiatement, cinq de mes hommes se levèrent et me rendirent en grande pompe les munitions que je leur avais confiées, s'excusant beaucoup de la perte qu'ils avaient faite d'une ou deux balles. Le conducteur me fit, en outre, la remise de son fouet, des courroies des bœufs, des traits du chariot, etc.; puis ils réclamèrent leurs gages.

« Vous n'aurez pas, leur dis-je, un sou; je regrette même de vous avoir donné quelque chose d'avance. »

» Ils parurent satisfaits de ce raisonnement, firent leurs adieux à Matakit et à Inyous, mes Hottentots; puis ils se mirent en marche.

» Ces deux derniers vinrent auprès de moi; ils pleurèrent d'abord en silence, et finirent par affirmer qu'avant deux jours nous serions perdus, et que les Saras et les Macoubas [1] nous tueraient.

» La situation était claire : je me trouvais au milieu d'une forêt complètement inconnue, à deux mois de ma dernière résidence, dont me séparait surtout cette terre de la soif, devenue plus affreuse que jamais, puisque nous étions dans la saison sèche. Il n'y avait pas à hésiter. Mon orgueil se révoltait; pourtant je finis par le vaincre et me décidai à rejoindre les fugitifs, à m'enquérir de leurs griefs et à leur offrir toutes les réparations qui étaient en mon pouvoir. Sous l'influence de ce bon mouvement, je donnai l'ordre à Matakit de réunir les chevaux. On ne les trouva nulle part.

» Cette pensée me frappa tout à coup : « Ils étaient cinq, ils en auront pris chacun un. » Je dis à Inyous de venir avec moi faire des recherches. Nous nous séparâmes, sachant bien que les larrons avaient dû s'écarter du chemin pour dis-

---

1. Ces deux noms ont la même signification. Voir la note 2 de la page 103.

simuler leurs traces; mais Inyous finit par tomber sur les doubles empreintes des hommes et des chevaux.

» Nous les suivîmes jusqu'à l'endroit où l'on ne voyait plus que ces dernières, c'est-à-dire où les fugitifs étaient montés à cheval. Deux piétons poursuivant cinq cavaliers, l'entreprise était folle. Je restai pendant quelques minutes dans une rêverie profonde, puis je me rappelai qu'il n'y avait personne au chariot et que je pouvais perdre mes vingt bœufs aussi bien que les chevaux. J'appelai Inyous pour retourner au camp. Pas de réponse! Je fis retentir le bois de mes cris; je tirai un coup de fusil à éléphant, la détonation fut effroyable, et toujours le silence! Ils étaient tous partis! L'abandon était complet.

» Je revins au camp le plus vite possible et n'y retrouvai que mon petit Léché, couché sous un arbre, au milieu de ses pleurs. Après avoir consolé de mon mieux le pauvre enfant, je me mis à la recherche des bœufs qui s'étaient échappés; je finis par les réunir et me hâtai de regagner le kraal. J'allai chercher de l'eau et du bois, puis je lavai les plats et la marmite, que mes hommes avaient laissés pleins de graisse. La position n'était pas une sinécure. Je découvris alors qu'il y a une grande différence entre commander une chose et la faire.

» Je mis la bouilloire au feu pour avoir du thé, je préparai du sagou pour Léché et pour moi; bref, je n'eus pas le temps de réfléchir; mais, quand j'eus couché la petite créature et que je me trouvai seul devant le feu, ma situation m'apparut dans toute sa gravité. J'étais abandonné dans le désert, ne connaissant pas une âme vers laquelle je pusse me rendre, et ne sachant pas le langage des habitants. Je maudis mille fois mon fol orgueil; j'aurais dû tout accorder à ces hommes plutôt que de m'exposer à un pareil délaissement que je n'avais pas même essayé de conjurer.

« La nuit fut horrible; quatorze heures de ténèbres! car

UNE NUIT DANS LES BOIS

nous étions en hiver : je n'en souhaite pas une pareille à mon plus mortel ennemi. J'espérais toujours qu'Inyous et Matakit reviendraient, bien qu'au fond je n'eusse pas à les blâmer : cet indigne Raffler leur avait persuadé qu'on les tuerait, et les pauvres garçons en avaient perdu l'esprit. Quand par hasard quelques minutes d'un sommeil agité venaient interrompre mes réflexions, ce n'était que pour me sentir plus seul et plus désolé au réveil.

» Je songeai à laisser là tout mon matériel et à me rendre à pied au lac Ngami. Toutefois la seule chance d'y parvenir était de suivre la rivière ; et non seulement la tâche était difficile, mais comment abandonner Léché, le laisser mourir de faim et de soif dans cette solitude ? Cette idée me révoltait. Si vous l'aviez vu, chancelant sur ses petites jambes, armé d'un bâton deux fois grand comme lui, m'aider à réunir les bœufs et à les faire entrer dans le kraal ! Si vous saviez tout le chemin qu'il avait fait pour aller chercher le veau, et sans que je le lui eusse dit ! J'en avais les yeux pleins de larmes. Il était couché devant moi, pauvre bébé ! lui aussi avait de l'inquiétude ; il comprenait que les choses allaient mal ; il se réveillait en sursaut, cherchait mes pieds à tâtons, les touchait bien doucement et retournait à sa place.

» C'est ainsi que nous passâmes la nuit. Deux ou trois fois je crus entendre des pas ; je me levai, mon fusil à la main ; c'était les chiens qui allaient et venaient parmi les feuilles mortes. Quand le jour parut, je sortis pour chercher de l'eau et du bois ; je fis le café, donnai à déjeuner au bambin et détachai les bœufs. Tout à coup j'entendis parler sur la rivière : c'était des Cafres. Je les appelai et déchargeai mon fusil, pour les attirer avec plus de certitude, car ils flairent le sang d'aussi loin que les hyènes, et le bruit d'une arme à feu les met sur le qui-vive. Au bout de quelques instants, une pirogue traversait bruyamment les roseaux, et j'y voyais trois Cafres. Hélas ! je n'avais que quatre mots dans mon vocabulaire :

bonjour, marche, verroterie et chariot. Les trois derniers produisirent leur effet; les hommes vinrent avec moi au chariot; mais ils s'en allèrent comme ils étaient venus : pas moyen de nous expliquer, même par signes. Lorsque j'essayai de leur faire entendre que je voulais voir Léchoulatébé, le chef du lac Ngami, ils hochèrent la tête et proférèrent leur vilain *ngau*, pareil au grognement d'un enfant gâté. C'est tout ce que je pus en obtenir, et je les quittai désespéré.

» Tout à coup, je vois arriver un homme qui avait les pieds déchirés et n'en pouvait plus. Qui l'aurait deviné? c'était mon pauvre Inyous! Je me levai d'un bond, et l'aurais serré volontiers dans mes bras. Après m'avoir quitté, lui et Matakit avaient marché toute la nuit, par instinct plus qu'autrement, puisqu'ils n'y voyaient pas. Bref, ils avaient rejoint les déserteurs, les avaient décidés à revenir, et tous arrivaient, ramenant mes chevaux qui ressemblaient à des lévriers.

» Je le pris sur un ton sévère, et dis à mes hommes qu'ils avaient bien fait de rendre mes chevaux, attendu que j'étais décidé à les poursuivre comme voleurs, et qu'ils auraient passé une bonne partie de leur existence à travailler sur les routes, avec une chaîne au pied. Ils me répondirent froidement qu'ils ne dépendaient que de Séchéli et ne s'inquiétaient pas plus de la loi des boërs que d'une ligue. Je sentis qu'ils disaient vrai et que ma plainte, en supposant que je fusse parvenu à la faire, ne m'eût servi de rien. Si je les avais vus sur mes chevaux, j'aurais certainement tiré sur eux et, comme ils avaient des armes, je serais tombé sous leurs balles; cela ne fait pas le moindre doute. Trouvant donc nécessaire d'être moins altier, je leur demandai les motifs de leur conduite. Ils prétendaient, répliquèrent-ils, recevoir deux mois de gages, et, comme je ne voulais pas les leur donner, ils s'étaient payés eux-mêmes. Je leur dis enfin que, s'ils rentraient dans le devoir et faisaient convenablement leur service, je ne parlerais pas du vol des chevaux. Ils ajoutèrent que, s'ils m'avaient quitté, c'était à cause de mon emportement; qu'en outre je méprisais leurs conseils; que je leur avais parlé anglais, dont ils ne savaient pas un mot, en sorte qu'ils avaient cru que je leur disais des injures. Bref, les dernières gouttes de grog furent avalées, et maître et serviteurs promirent de faire désormais tous leurs efforts pour vivre en meilleure intelligence. »

Après ces quatorze heures de si cruelle solitude, Baldwin reprit sa marche vers le Ngami.

Le 28 mai, Auguste, l'un de ses Cafres, blessa une femelle de buffle qui, accompagnée d'une génisse d'une belle taille, le chargea vigoureusement. Il escalada un arbre peu élevé dont les épines lui labourèrent les jambes. Tandis que la génisse et la mère lui léchaient la plante des pieds, il rechargea son fusil et les tua toutes deux. Il avait, heureusement, jeté son fusil dans les branches de l'arbre avant d'y sauter lui-même, sans quoi les deux bêtes irritées, postées en sentinelles, auraient pu l'y retenir indéfiniment.

Le lendemain, on rencontra un éléphant qui s'enfuit devant les chasseurs. La forêt était d'une épaisseur peu commune; Baldwin craignait de se perdre, et, sans aller plus loin, il envoya à l'éléphant une balle qui l'atteignit au gras de la cuisse. L'animal se posta alors dans un hallier, faisant tête aux chiens dans toutes les directions, et écrasant tout ce qui lui faisait obstacle.

Il y avait là cinq chasseurs armés de fusils; mais pas un d'eux n'osa se risquer dans le hallier.

Baldwin, qui avait dû s'arrêter pour recharger son fusil, s'avança alors, monté sur son cheval Broun. Quand il fut arrivé à vingt-cinq pas de l'éléphant, celui-ci releva sa trompe et vint droit au chasseur; le cheval intrépide resta immobile et la bête reçut, à la pointe de l'omoplate, une balle conique de cinq à la livre, envoyée par vingt-deux grammes de poudre fine. L'éléphant chancela, fit quelques pas et tomba sur la tête. Les *braves* qui accompagnaient Baldwin osèrent alors s'approcher et adressèrent à l'animal abattu chacun une balle. Le colosse était mort.

« On conçoit le danger que peut offrir la chasse d'un animal dont le pas de charge équivaut au galop d'un bon cheval et ne connaît pas d'obstacle ; d'un géant qui déchire le fourré,

BLOQUÉ SUR UN ARBRE. (P. 110.)

soulève ou renverse tout ce qu'il rencontre, déracine avec sa trompe, écrase du pied tout ce qui vous protège (un pied dont l'empreinte a deux mètres de tour), et qui joint à cette force matérielle un cri terrible. « Que celui qui veut chasser l'éléphant, dit Livingstone, se place au milieu de la voie ferrée ; qu'il écoute le sifflet de la machine et attende, pour s'enfuir, que le train ne soit plus qu'à deux ou trois pas de lui, afin de savoir si ses nerfs lui permettent d'affronter le colosse. »

» Quand le cavalier n'est pas sûr de son cheval, celui-ci est un danger de plus : l'effroi le paralyse et l'empêche de fuir, ou l'affole et le jette au-devant du péril. Vahlberg et Delegorgue chassaient toujours à pied ; et, malgré la difficulté de le tuer à l'arme blanche, c'est ainsi que les indigènes, voire les amazones du roi de Dahomey, attaquent l'éléphant ; mais alors ils sont en nombre, et, à force de bruit, ils ahurissent le colosse.

» Cinquante éléphants, dix de front, débouchent d'une clairière, dit Delegorgue ; si un homme se présente qui les défie en frappant sur un bouclier retentissant, l'escadron s'arrête et rebrousse chemin. Qu'on veuille pousser la bande et l'acculer dans une gorge, les voix n'ont qu'à retentir, les boucliers à résonner derrière elle ; que l'on fasse silence dans la partie où l'on veut qu'elle se jette, et la bande obéira comme un troupeau.

» Il suffit même des aboiements de quelques roquets, dit Livingstone, pour que l'éléphant oublie de se défendre contre l'homme ; le seul danger, en pareil cas, c'est que la meute, en revenant près du chasseur, ne ramène la bête de son côté. Cette lutte n'en est pas moins encore très dangereuse : Vahlberg a été tué dans un de ces combats sur les bords du lac Ngami. Mais autre chose est d'engager ce duel terrible seul à seul avec un pareil adversaire, de le relancer jusque dans son fort et de concentrer sur soi toute sa fureur ; de l'attaquer dans un milieu où tout vous blesse et vous entrave, et dont il ouvre les halliers pour marcher droit à vous sans que rien ni personne l'en détourne. Voilà ce que Baldwin a fait maintes et maintes fois, et ce qui lui paraît tout simple dès qu'il est à cheval[1]. »

[1]. Note de madame Henriette Loreau dans sa traduction de l'ouvrage de Baldwin.

Le 8 juin, on découvrit une troupe de onze ou douze éléphants mâles, qui s'éloignèrent à l'approche des chasseurs. Baldwin parvint à séparer le plus gros de la bande et le serra de près, grâce au sentier qu'il voulut bien lui ouvrir. Il le frappa derrière l'épaule et le perdit de vue pendant qu'il rechargeait. Au détour d'un chemin, il se retrouva en face de l'animal, qui le chargea en criant avec fureur. Le cheval de Baldwin pirouetta, les éperons dans le flanc, le chasseur étendu sur son cou et la trompe de l'éléphant sur la croupe. Baldwin traversa ainsi un hallier que, de sang-froid, il aurait déclaré impénétrable et d'où il ne sortit pas sans blessures. Ses mains furent affreusement lacérées et son pantalon, quoique en peau de chèvre, fut mis littéralement en pièces.

L'éléphant reçut encore deux balles et n'en fut pas moins perdu ; jamais les chiens qui, mortellement effrayés, ne quittaient pas les talons du cheval, ne voulurent aller à sa poursuite.

Le même jour, Baldwin arriva chez le chef Léchoulatébé qui voulut le conduire au lac Ngami.

D'après Baldwin, les environs de ce lac sont parfaitement plats, très insalubres et fort peu intéressants. Du côté par lequel il l'aborda se trouvait une masse de roseaux brisés ; mais en face et dans la majeure partie de son étendue la rive est couverte de bois. Les indigènes affirment qu'il faudrait trois jours pour faire à cheval le tour du lac, si la tsétsé[1] ne rendait pas cette course impossible. Ils n'osent pas aller d'un bord à l'autre avec leurs frêles pirogues, attendu que, par une forte brise, la vague est très mauvaise. Trois canots avaient sombré depuis peu de temps, et ceux qui les montaient s'étaient noyés. A peu de distance de la pointe méridionale du lac se dresse une chaîne de rocs élevés (rochers

1. Espèce de mouche venimeuse qui cause de cruels ravages parmi les bêtes de somme et qui est commune dans presque toutes les régions fluviales de l'Afrique.

de Quaébie), où se retirerait Léchoulatébé, dans le cas d'une attaque des Kololos de Sébitouané.

Ce chef betjouana ne paraissait pas un méchant homme, mais c'était un terrible mendiant ; tout lui faisait envie. Il ne paraissait pas croire qu'on pût lui refuser quoi que ce fût, ne donnait rien en retour, achetait aux conditions qui lui plaisaient et demandait un prix extravagant de ce qui lui appartenait. Jeune, actif, il chassait l'éléphant, était bon tireur et possédait des fusils de la meilleure fabrication anglaise.

En revenant du lac, il invita Baldwin à dîner. Le repas eut lieu en plein air et fut servi par les plus jolies filles du village : agenouillées devant les convives, elles tenaient les assiettes dans lesquelles ils mangeaient.

« On dit, écrit Baldwin, que le bonheur parfait n'existe pas sur terre ; mais, de tous les mortels, celui qui en approche le plus, c'est certainement un chef de peuplade africaine : l'opposition lui est inconnue ; il a droit de vie et de mort sur tout ce qui l'entoure ; on veille sur lui comme sur un enfant ; tous ses vœux, tous ses caprices sont satisfaits ; on lui apporte de tous côtés des plumes d'autruche, des karosses, de l'ivoire qu'il peut échanger aux marchands pour des objets qui le séduisent et qui dépassent tous ses rêves. Et probablement l'ingrat se plaint encore !

» Notre dîner se composait d'un rôti de girafe, nageant dans la graisse. Les entrailles de la bête sont ici les morceaux de choix, et, préjugé à part, je vous assure que les Anglais ne savent pas ce qu'il y a de meilleur dans l'animal. A Rome, j'ai toujours fait comme les Romains, toujours mangé (quand je l'ai pu) ce qui m'a été servi, fermant les yeux si l'estomac se soulève ; or, pour la saveur, le fumet et la richesse du goût, rien n'approche des parties que recherchent les Cafres.

» Nous les faisons bien rire en jetant ce qu'il y a de plus fin dans le gibier. Toujours est-il que le dîner me parut excellent. Nous l'arrosâmes d'un grand verre de xérès.

BALDWIN CHARGÉ PAR UN ÉLÉPHANT (P. 113).

» Le repas terminé, je troquai mon chapeau avec le chef contre un large pantalon de cuir; puis il fallut y ajouter de la verroterie, un couteau, une fourchette et une cuiller. Ce scélérat était sans conscience : après m'avoir extorqué la promesse de lui donner du thé pour la seconde fois (je lui en avais envoyé une livre en arrivant), il ordonna aussitôt d'aller chercher une énorme jarre qui en aurait contenu au moins deux caisses, et ne put retenir son indignation en voyant le peu que j'y avais mis. Ce fut alors de la farine qui devint l'objet de ses demandes, et quand je lui eus dit que j'en échangerais volontiers contre une quantité double de grain, il me répondit qu'il n'y en avait pas dans ses États. Il ment comme un arracheur de dents, et ne fait qu'en rire lorsqu'on découvre ses mensonges. On ne peut donc lui refuser un excellent caractère; mais tous les Cafres ont beaucoup d'empire sur eux-mêmes, et bien rarement ils en viennent aux coups. »

Baldwin mesura, par curiosité, deux des arbres nommés dans cette région mohouanés[1] : l'un avait 27 mètres de circonférence, l'autre 28. Le tronc se divisait, à 2 mètres de terre, en quatre branches énormes, se courbant en dehors et laissant entre elles un vaste espace. La distance qui séparait ces rameaux gigantesques était de 0^m,30 entre chacun d'eux, à l'endroit où ils sortaient de la tige; ils allaient en s'évasant, et l'arbre, à environ 6 mètres du sol, devait avoir au moins 40 mètres de tour.

L'un des bœufs du chasseur venait d'être frappé par la maladie; Léchoulatébé, craignant pour son bétail, ne voulut pas

---

1. Des baobabs (*alansonia digitata*); il en existe de trente-deux ou trente-trois mètres de tour. La vitalité de cet arbre, ou plutôt de cet agrégat végétal, est si grande, que l'on peut attaquer le baobab, en creuser la tige avec le fer et le feu, sans en arrêter le développement. Il ne suffit même pas de l'abattre pour le faire périr : le docteur Livingstone en a trouvé plusieurs dans les environs d'Angola qui grandissaient encore après avoir été coupés; chez l'un d'eux, quatre-vingt-quatre anneaux augmentèrent chacun d'un pouce après que le tronc eut été abattu.

permettre aux attelages de rester chez lui. Baldwin dut s'éloigner plus tôt qu'il n'en avait l'intention. Le départ eut lieu le 18 juin.

Notre chasseur emmenait un second négrillon Sara, nommé Mutla (épine), que, par pitié, il avait acheté à son maître.

« Il est affreux à voir, dit Baldwin, et me fait frémir : des yeux caves, des joues creuses, un squelette ambulant. Il aura bien de la chance s'il triomphe jamais du traitement qu'il a subi : son crâne est à moitié défoncé ; tout son corps n'est que plaies et bosses, et les roseaux, les racines, qu'il a mangés pour ne pas mourir tout à fait, lui ont mis la peau dans un triste état. A défaut de pommade sulfureuse, nous le barbouillons de graisse et de poudre à canon ; j'y ajoute un peu d'onguent mercuriel et je regrette de n'avoir pas à y joindre quelques gouttes de térébenthine. »

Avant d'appartenir à Baldwin, c'était un gardeur de chèvres ; il veillait toute la journée sur son troupeau, qu'il ramenait le soir au kraal. Une fois on acquit la preuve que le pauvre petit avait tué un chevreau pour le manger ; le propriétaire, furieux, battit l'innocent jusqu'à le laisser pour mort, ainsi que Léchoulatébé l'avait fait à un gamin du même âge peu de temps auparavant. L'excellent chasseur le soigna avec la tendresse d'un père, espérant, grâce à sa jeunesse, le tirer d'affaire.

Quant à Léché, l'autre négrillon, il était « gras comme un marsouin, brillant comme une botte vernie et ressemblait à un très jeune hippopotame. Jamais on ne vit de petit cochon avaler la graisse aussi vite ; il ne faisait que manger, boire et dormir ; à peine s'il pouvait marcher : quand on le mettait sur le dos, il était comme un mouton, il ne pouvait parvenir à se relever. » Un jour il se serait noyé dans 45 centimètres d'eau, si son maître ne s'était pas trouvé présent sur le lieu de l'accident.

La rivière croissant toujours, montant rapidement, inondant au loin ses rives, contraignit les voyageurs à s'ouvrir un sentier dans un fourré tellement épais que la tente du chariot en était hachée : deux fortes toiles à voile, littéralement en pièces; les clavettes de l'essieu, à force de se heurter les unes contre les autres, étaient tordues dans tous les sens; on n'en finissait pas de cogner avec la hache et le marteau, quand il fallait enlever les roues pour les dégraisser. Depuis plusieurs mois qu'il n'était tombé une goutte de pluie, tous les ravins, les étangs et les réservoirs étaient à sec. « On ne trouve d'eau nulle part, s'écrie Baldwin, et la rivière déborde[1]! Je ne puis m'expliquer ce caprice de la nature. »

Baldwin rapportait plus de 300 kilogr. d'ivoire; en outre, son chariot était bondé jusqu'au sommet de dépouilles de toutes sortes, appartenant à ses hommes, objets sans valeur, qu'il comptait bien jeter sur la route s'il parvenait à se procurer d'autres dents.

« Rien, écrit notre chasseur, ne peut m'attirer de nouveau dans cette région, où les naturels sont abondamment pourvus de tout ce qu'ils désirent par des trafiquants qui y font un commerce avantageux en venant par la route de la baie de Valfish.

» Trois de mes gens qui sont mariés voudraient être chez eux; ils ne parlent plus d'autre chose et mettraient les bœufs sur les dents, si je ne m'y opposais pas. C'est pour moi un grand sujet de contrariété, et je n'y vois pas de remède. Les gens de Séchéli reçoivent un prix fixé pour le voyage, qu'il soit long ou qu'il soit court, peu importe : le temps n'est rien pour eux. La combinaison n'est pas bonne. Désormais je ferai d'autres arrangements. Excepté moi, chacun a quelque

---

[1]. Et cependant ce phénomène est peu capricieux. Le Tiongué qui tombe dans le lac Ngami, avec lequel la Botletle communique par une espèce de marais, et la Tamalucan ou Tamunak'le, affluent de la Botletle, paraissent se joindre, sinon au Zambèze directement, du moins à la Tchobé : elles viennent de régions largement marécageuses et profondément inondées à partir du mois d'avril. Les eaux, après avoir rempli tous les lits desséchés, parviennent à la Botletle vers le mois de juin et la font déborder, bien que tous les étangs des environs soient encore évaporés

objet qui l'attire et lui fait désirer le retour : des femmes, un père, une mère, des frères, des sœurs, des parents ou des amis. Cela me vexe de les entendre parler sans cesse de leur chez-soi et de leur désir d'y arriver.

» Suivant Albert Schmit, les colonies ne sont que des refuges pour les déshérités qui vont y accomplir un suicide social ; je suivrai sa théorie.

» Même lorsqu'ils sont dans l'abondance, les naturels sont trop égoïstes pour me donner un morceau de viande si je suis à court de gibier, alors que les arbres qui nous entourent sont chargés de venaison. Ils ne vous refusent pas d'une manière positive, mais « ce n'est pas à eux, le maître de l'éléphant n'est pas là, etc. ; » et ils vous évincent le plus vite qu'ils peuvent. Les meilleurs d'entre tous ne sont que des païens ingrats. Qu'ils soient accroupis sur leurs talons, un gros morceau de viande dans une main, dans l'autre une sagaie de 1^m,80, qui leur sert de couteau, et leur bonheur est complet. Tant que le morceau dure, ils n'envient le sort de qui que ce soit. Ne possédant rien, ils n'ont aucun souci et, quand la nourriture abonde, ils se trouvent parfaitement heureux. »

Baldwin avançait d'autant plus lentement que, quelques jours après son départ, il avait été attaqué d'une fièvre intermittente compliquée d'affection bilieuse. C'était la quatrième fois qu'il était aussi gravement atteint. Il s'en tira encore, grâce au calomel, à la coloquinte, à l'émétique et à l'expérience qu'il avait acquise de cette maladie.

Inyous, l'un de ses deux Hottentots, se montra pour lui rempli d'attention ; il le veillait presque toute la nuit, lui frictionnant les pieds et les mains, et souvent, au plus fort de ses accès de fièvre, Baldwin le vit tout en larmes. Évidemment, il croyait son maître perdu. Lui et les autres Cafres accusaient Raffler, le conducteur, d'avoir mis du poison dans son café, et il en résulta une violente querelle. Auguste, l'autre Hottentot, jurait que, si son maître venait à mourir, il enverrait une balle à Raffler; et celui-ci voulait partir immédiatement. Baldwin eut beaucoup de peine à rétablir l'ordre parmi eux. La veille du jour où il était tombé malade, ils avaient refusé de le suivre à la chasse de l'éléphant, à cause de son mauvais cheval, disant qu'avec une aussi triste monture il ne pouvait manquer d'être tué, et que Séchéli leur en ferait des reproches.

Le 18 juillet, l'ancien maître du négrillon Léché rapporta à Baldwin le mousquet brisé échangé contre l'enfant. Il insista pour qu'on lui donnât une autre arme ou qu'on lui rendît Léché. Malheureusement notre chasseur n'avait plus que deux fusils, des armes précieuses, qui lui étaient indispensables. Il dut céder et restituer Léché, à son grand regret, car il aimait le pauvre petit, et savait qu'il n'avait désormais en perspective que le jeûne et les mauvais traitements.

« J'ai vu partir avec chagrin mon pauvre négrillon, écrit Baldwin; car j'ai la passion des enfants, surtout des noirs. Je les préfère aux autres: ils ne pleurent jamais, ne demandent jamais à manger, ont la patience de Job, et apprennent avec une grande facilité. Alors qu'un petit blanc ne quitterait pas le tablier de sa mère et demeurerait incapable de se rendre à soi-même aucun service, les bambins noirs vont chercher de l'eau et du bois, font du feu, préparent leur nourriture, vont et viennent, n'ont pas peur, mettent la main à tout, et dorment par terre, pelotonnés dans une peau de mouton : je parle ici de marmots de deux à trois ans. »

Les fourmilières de cette contrée sont remarquables; elles ont de trois à six mètres de hauteur et forment un cône à large base, qui va s'effilant avec une grande pureté[1].

La caravane poursuivait sa route dans le désert, souffrant toujours du manque d'eau. Il arrivait souvent que l'on creusait

---

[1]. Elles sont construites par les termites. Dans la plaine du Kidi, Speke monta

jusqu'au roc pour n'obtenir qu'une flaque d'eau boueuse de douze centimètres à peine de profondeur.

« Arrivés, dit Baldwin, à Létloché, où je m'étais baigné il y a trois mois dans trois mètres d'eau, nous trouvons un filet imperceptible au fond d'un trou boueux. Je fais ouvrir une tranchée dans la vase, afin que nos bêtes puissent aller boire; et comme de tous côtés je vois des traces de couaggas, je plante une perche au sommet de laquelle je mets un linge flottant, de manière à effrayer ces animaux.

» Cela ne produit pas l'effet voulu. Malgré mon épouvantail, les couaggas absorbent plus de la moitié de l'eau que renfermait notre réservoir. Je m'en veux beaucoup de ne pas m'être couché au milieu des rocs pour défendre notre citerne; mais je ne vais pas assez bien pour passer la nuit en plein air.

» Me voilà exténué, rien que pour avoir suivi une troupe de girafes pendant deux heures. D'une seconde balle, j'avais cassé la jambe à une belle femelle; nous avons besoin de viande; c'était ma dernière chance et, loin de m'arrêter, je rechargeai au galop, pensant que, dans tous les cas, la bête serait retrouvée par mon écuyer. Parvenu à rejoindre la bande après une longue course, je tirai une femelle et la blessai à la croupe.

» Jamais je n'ai vu pareille vitesse : je l'apercevais filer de loin en loin à travers les branches; le sang ruisselait à flots de sa blessure; cependant sa course n'en était pas moins rapide, et je ne gagnais pas une ligne sur elle. A la fin, n'en pouvant plus, ni moi ni mon cheval, je quittai la selle, tirai à longue portée et manquai la bête. Elle m'avait conduit au milieu des pierres des montagnes, des rochers, ainsi que font toutes les girafes quand on les serre de près, attendu que, dans un pareil terrain, elles ont sur le cheval un grand avantage.

sur une de ces collines pour voir par-dessus les hautes herbes. Dans la vallée du Nil Blanc, vers les marais Nou, elles servent de refuge aux sauvages, qui y mènent une vie misérable tant que dure l'inondation.

« Faisant un détour pour la contempler une dernière fois, je fus très surpris de la voir arrêtée. Cette vue me rendit du cœur et, reprenant le galop, par un suprême effort, je m'avançai vers la bête, qui à mon approche détala rapidement; toutefois elle n'avait pas fait cent mètres qu'elle s'arrêta de nouveau. Dès lors elle m'appartenait. J'avançai tranquillement, lui laissant gagner un arbre touffu et, lorsqu'elle fut à l'ombre, je la couchai bas en la traversant d'une balle. »

Le temps était frais, le vent léger; on marchait toute la

MARCHE AU CLAIR DE LUNE.

nuit quand il y avait de la lune, et l'on faisait ainsi beaucoup de chemin.

Baldwin arriva chez le chef Séchéli, qui le rançonna impudemment, mais auquel il acheta environ 45 kilogr. d'ivoire, à des conditions qui lui assuraient un bénéfice de 200 p. 100. Il espérait par là se dédommager des demandes exorbitantes du vendeur et réparer les pertes qu'il avait dû supporter.

Séchéli[1] se pique d'une très grande dévotion : il ne man-

---

[1]. Nous avons dit plus haut que ce chef avait été converti au christianisme par le docteur Livingstone.

gerait pas sans avoir dit un long bénédicité et n'oublie jamais ses grâces. Le dimanche, il va prêcher et psalmodier la bonne moitié du jour. Il ne permet pas de tirer un coup de fusil, ni de faire n'importe quoi, et pratique de la manière la plus exemplaire cette abstention rigoureuse. On ne doit voyager le dimanche sous aucun prétexte. Baldwin ignore s'il est sincère, ou s'il n'agit de la sorte que par crainte de Moffat, un missionnaire écossais qui tient tous les Cafres entre le pouce et l'index et en fait tout ce qu'il veut. Moffat habite ce pays-ci depuis très longtemps, élève les enfants des chefs et possède entièrement leur confiance[1].

Le 11 août, la caravane faillit être brûlée.

« Nous traversions, dit Baldwin, une forêt de bauhinias, tapissée d'une couche épaisse de grandes herbes sèches et blanches; le feu avait été mis derrière nous à cinquante places différentes, et dans la direction du vent. Poussé par une forte brise, l'incendie courait avec une rapidité effroyable; déjà depuis quelque temps la fumée nous enveloppait, lorsque je vis des lueurs rouges percer le nuage, et l'on entendit bientôt les flammes rugir et pétiller. Devant nous s'ouvrait une clairière, à deux cents pas environ; j'y courus avec la vitesse que donne le péril, et mis le feu aux grandes herbes à dix ou douze endroits.

» Immédiatement le nouvel incendie gronda, et les chariots, traversant la fumée d'un pas rapide, atteignirent la place que j'avais faite. A peine y étaient-ils, que les flammes se rejoignaient dans une étreinte suprême et s'éteignaient faute d'aliment. La chaleur du sol était si grande, que les semelles de nos souliers furent en partie brûlées; nos pauvres bœufs levaient chaque pied tour à tour, ne pouvant pas y tenir, en dépit du sable que nous jetions sur le brasier.

[1]. M. Moffat, chef de la mission anglaise établie à Kourouman, chez les Betjuanas, est un homme des plus estimables. Livingstone, qui fut son gendre, parle de lui souvent. — Voir notre *Abrégé des explorations de Livingstone*.

» C'avait été un moment critique; je ne me rappelle pas avoir ressenti d'inquiétude aussi vive. Il est certain que, n'ayant pas moyen de l'éteindre, si le feu nous avait gagnés, nous étions tous perdus.

» Mutla, ce pauvre enfant que j'ai tant soigné, est devenu fou sous l'influence du soleil et de la soif, et s'est enfui dans les bois. Matakit est parvenu à le rejoindre et l'a ramené;

BALDWIN METTANT LE FEU AUX GRANDES HERBES (P. 123).

mais l'enfant se débattait si violemment qu'on a dû le garrotter. J'espère que ce n'est que l'effet du soleil et qu'il guérira. Son pauvre crâne, ouvert en une douzaine d'endroits par les sauvages qui l'ont martyrisé, n'a pas eu le temps de se raffermir et ne doit pas lui protéger le cerveau d'une manière suffisante, d'autant plus que jamais les Cafres ne portent rien sur la tête.

» Le 13, nous arrivons enfin chez Séchéli. J'y ai trouvé une légion de missionnaires allemands, tout frais débarqués de Natal, pas moins d'une demi-douzaine; des êtres actifs, pleins d'énergie, tous gens de négoce et bons ouvriers. En une quarantaine de jours, et avec les plus tristes matériaux, ils se sont bâti une maison où l'on trouve cinq pièces, et qui non seulement est solide, mais encore très élégante, avec une large véranda sur trois côtés. Ces hommes sont capables et fort instruits; en surplus des travaux manuels, ils consacrent tous les loisirs à l'étude sérieuse de l'idiome des Betjouanas, langue d'autant plus difficile à apprendre qu'ils n'ont pour les assister que le Nouveau Testament traduit par Moffat. Ils paraissent heureux, sont très hospitaliers et savent tout faire; ce sont les meilleurs colons du monde. Deux lettres du Natal m'ont été remises par eux; mais pas un mot d'Angleterre. Il faut donc encore modérer mon impatience.

» Le 18 août, j'arrive à Hasfowlkop ou Tête de Vautour. J'ai quitté Séchéli le 15, et n'ai rien tué depuis deux jours, malgré toute la peine que j'ai prise. Mes gens sont affamés. Nous avons traversé aujourd'hui une rivière où il y avait soixante-quinze centimètres d'eau vaseuse, plus de boue que de liquide; mais elle était remplie de barbeaux. En cinq minutes mes gens en ont pris quinze, pesant en moyenne de 900 à 1300 grammes; il y en avait bien de 2^k,720. Ce poisson était maigre et avait la chair molle; néanmoins, nous l'avons mangé avec beaucoup de plaisir.

» Cela va mal depuis trois ou quatre jours : les forces me manquent, je ne suis bon à rien, le moindre effort me met en nage, et mon estomac ne digère plus. Je crains bien de ne pas pouvoir me délivrer de ces misères avant de m'être plongé à diverses reprises dans la baie de Natal.

» Le 21 août, j'étais dans le Mérico. J'y ai trouvé les boërs campés avec toutes leurs bêtes : chèvres, moutons, chiens et chevaux, oies, pigeons, canards, chats, veaux, poulets, singes, enfants sans nombre. A peine si, en regardant de tous côtés, on apercevait un brin d'herbe. Situation avantageuse pour refaire mes bœufs exténués! Je me suis donc empressé de chercher pour eux un meilleur endroit, et Diderick Knitse a bien voulu les recevoir dans sa ferme, qui, pour un homme à cheval, est à une heure du camp. J'ai l'intention d'y passer huit ou dix jours. Pendant ce temps-là je réparerai mon vieux chariot, qui a tenu jusqu'ici d'une façon merveilleuse.

» Les denrées sont horriblement chères; il y a disette ici. Même à prix d'argent on ne peut avoir ni vache laitière, ni bœuf de boucherie, ni grain, ni farine; le gibier n'existe plus. C'est pour mes Cafres un rude moment d'épreuve.

» J'ai passé la journée hier au camp. C'était un dimanche: les hommes, ne pouvant rien faire, s'ennuyaient à périr, taillaient des bûchettes, buvaient de l'eau-de-vie et du café à profusion, se querellaient et juraient comme des païens, pour tuer le temps. Je n'ai pas vu d'hommes de ma couleur depuis cinq mois. Dans cette seule journée, j'en ai vu assez. A vrai dire, les boërs du Transvaal ont peu de sympathie pour les Anglais, surtout les femmes, qui nourrissent contre eux des sentiments pleins d'amertume. Il y a néanmoins de braves gens parmi les Transvaaliens, et je dois avouer que, malgré la pénurie générale, tous ont été pour moi fort généreux. »

Les lions abondent dans cette région, mais il est rare qu'ils sortent de leur retraite à la clarté du soleil, et leur rencontre est peu dangereuse pour l'homme, dont ils évitent la présence. Baldwin, qui les a souvent troublés dans leur repos, les vit toujours s'éloigner; mais leur colère est terrible, quel que soit le moment où on les provoque.

Des lions, chose exceptionnelle, avaient tué, en plein jour, le cheval d'un jeune boër nommé Franz. Celui-ci s'était promis d'en tirer vengeance.

Peu de temps après, lui et son frère, ayant aperçu trois lions, les poursuivirent. Tous deux étaient à pied. Franz, en se traînant au milieu des broussailles, parvint à se placer au-dessous du dernier de la bande, qui se trouvait être une femelle. Il se releva, l'attendit de pied ferme, et tira, mais sans résultat. Au moment où son arme, un fusil à pierre, ratait pour la seconde fois, la lionne sauta sur lui et le mordant, le déchirant, le mutila pour toujours. Elle lui broyait la cuisse, lorsqu'une balle de son frère la lui tua sur le corps.

Ce fait s'était passé depuis peu de jours, lorsque le brave jeune homme le raconta à Baldwin.

« Je l'aurais tuée, disait-il avec le plus grand calme, si mes deux coups n'avaient pas raté. »

Et le seul regret qu'il exprimait était de ne pas posséder un fusil à percussion.

« Je me dirige actuellement, dit notre chasseur, vers Mooi-River-Dorp, où j'ai l'intention de rester quelques jours pour faire reposer mes bœufs avant de prendre la route de Natal. Je me suis arrangé de manière à m'en procurer, soit par échange ou par achat, neuf autres qui aideront puissamment mon pauvre attelage exténué. Ici la disette est telle, que des centaines d'indigènes devront mourir de faim avant la récolte. Les pauvres gens seraient trop heureux de travailler pour leur nourriture, mais ils ne trouvent pas d'ouvrage, attendu que chaque boër a dans sa ferme autant de monde qu'il en peut nourrir. »

Au mois de septembre 1858, Baldwin rentrait au Natal, où il passa huit mois à s'équiper complètement pour une nouvelle expédition.

CHAPITRE IV

LES GRANDES SALINES. — LE KALAHARI.

Le 15 mai 1859, Baldwin était campé dans le voisinage de Séchéli, avec deux compagnons, trois chariots, huit chevaux, quarante-sept bœufs, cinq vaches suivies de leurs veaux, six chiens et treize serviteurs, parmi lesquels Inyous et Matakit, ses deux fidèles Hottentots.

« Depuis notre arrivée, écrit Baldwin, le gibier a été rare, d'une méfiance peu commune, et la poudre a été mal employée ; on n'a tué qu'un petit nombre de pièces. Cependant nous avons toujours eu de la viande en quantité suffisante pour nous et pour les chiens. L'herbe est très bonne ; néanmoins les chevaux sont en mauvais état.

» J'ai laissé hier seize de mes bœufs sous la garde de Cos Lindsey, le frère de Séchéli. Ce dernier m'a fait un excellent accueil ; non seulement il ne me crée pas d'obstacles, mais il offre de m'aider de tout son pouvoir. Je lui ai apporté, de Natal, une grande couchette en fer, avec matelas et oreillers, literie complète, dont je lui ai fait hommage. De ce côté, tout semble nous prédire une chasse heureuse. Les boërs m'ont également bien traité ; mais ils cherchaient à me détourner de mes projets par tous les moyens possibles : faux rapports de toute espèce, bruits de guerre entre Mosilikatsi et les autres ; il était dangereux de s'aventurer hors de certaines limites, etc. Heureusement, les missionnaires m'ont dit que je n'avais rien à craindre et que c'était simplement une ruse pour arrêter mon entreprise. La distance à laquelle il faut aller chercher les éléphants, le nombre des individus qui m'accompagnent, seize bouches à nourrir, et les présents que j'ai à distribuer en route exigent une grande avance de fonds; mais j'espère rentrer dans mes capitaux, même faire un bénéfice honnête, si mes chevaux ont l'obligeance de vivre quelques mois. »

Baldwin céda à Séchéli un vieil étau pour neuf grands bœufs, valant 1 600 francs. C'était bien commencer.

Le 27 mai, il était chez le chef Siromo, qui le reçut à merveille, et le 2 juin à Lettoché, où il acheta un peu d'ivoire.

Les Hottentots du chasseur voulaient que l'on se dirigeât vers le lac Ngami; d'un autre côté, la pensée de retourner chez Mosilikatsi terrifiait les Cafres. Baldwin prit un moyen terme : laissant à gauche le lac Ngami, à droite les Tébélés de Mosilikatsi, il se dirigea vers Sébitouané ou, pour mieux dire, vers Sékélétou[1]. « Cette décision a fait bouder mes Hottentots, qui cependant n'ont protesté que par leur mauvaise humeur. Le bruit court que Mosilikatsi vient d'envoyer une armée dans la direction que nous allons prendre. Je serais très fâché qu'elle nous rencontrât : non pas que je craigne rien de sa part, mais tous mes hommes prendraient la fuite. »

Le 12 juin, Baldwin aperçut, pour la première fois, les Grandes Salines, où il eut un magnifique mirage, reproduisant la vue de la côte avec une telle exactitude qu'il était difficile de se croire dans l'intérieur des terres[2]. Il y mesura la tige

---

1. Sébitouané, dont le docteur Livingstone raconte la vie, a été le fondateur de la puissance des Kololos. En 1858, Sébitouané était mort depuis près de six années et avait eu pour successeur, après sa fille Mamochisané, son fils Sékélétou, qui régnait depuis cinq ans environ.

2. Les principales de ces salines sont celles que Livingstone désigne sous les noms de Nchocotsa et Nkoué-ntoué. La première a 30 kilomètres de circonférence et est fort entourée de bauhinias. La seconde, située dans une contrée

d'un arbre qu'on nomme crème de tartre ; cette tige dépassait 18 mètres de tour. Il n'est pas rare d'en trouver de beaucoup plus gros.

« Depuis quelques jours, dit Baldwin, nous avons quitté la route du lac et nous sommes obligés de nous ouvrir un chemin à coups de hache. Le pays, très aride, est parsemé de bauhinias chétifs et rabougris ; on n'y voit guère de gibier, ce que j'attribue au manque d'eau et de pâturages, l'herbe étant complètement sèche.

» L'autre jour nous sommes arrivés au bord de quelques ruisseaux nouvellement remplis ; l'herbe y était fraîche et tendre, et l'on y voyait des animaux en grand nombre et d'espèces variées ; mais nous n'avons rapporté que deux élans, après avoir manqué un oryx.

» Pas encore d'éléphants. La route est longue. J'espère néanmoins en voir un ou deux avant la fin de la semaine.

» Je le dis avec regret, mais les Bamangouatos sont de francs voleurs. Beaucoup de choses que l'on ne peut pas remplacer m'ont été prises, entre autres mon moule à fondre les balles, dont la perte m'est très sensible. J'y supplée au moyen d'une cuiller de fer ; mais ce n'est qu'un pis aller.

» J'ai tous les jours vingt-cinq ou vingt-six bouches à nourrir, et les chariots s'allègent sensiblement : mes denrées s'évanouissent comme les fusées dans l'air. Je n'ai jamais entrevu mon cuisinier, l'affreux gnome, sans qu'il fît disparaître quelques provisions. C'est une rude besogne que de fournir à tout cela, et les bandits ne font que le moins possible pour m'en dédommager. Nous avons jusqu'à présent vécu dans l'abondance ; mais les Hottentots, qui ne pensent jamais au lendemain, se sont arrangés de façon à ne rien laisser pour l'avenir ; aussi prévois-je des temps bien durs et dont je souffrirai comme les autres.

plate que couvre une herbe douce et fine, parsemée de bauhinias et de baobabs a 25 kilomètres de large sur 160 de long.

» D'après Kleinboy, Swartz aurait perdu l'année dernière ses deux attelages par suite d'un arbuste vénéneux très commun de l'autre côté de la Guia, et dont les bœufs mangent les feuilles avec beaucoup d'avidité. Le maraud me fait-il un conte? Je n'en sais rien; toutefois je serais très contrarié d'avoir à changer de route [1].

» 29 *juin*. — Depuis la dernière fois que j'ai touché à mon journal nous avons été au nord-ouest, et ensuite au nord-est. Jamais la soif ne nous a fait plus souffrir. Nous avions capturé une pauvre femme (nécessité fait loi) pour qu'elle nous conduisît près d'une mare, d'une citerne, d'un réservoir quelconque; et, bien qu'elle marchât rapidement et sans interruption, elle n'arrivait pas à la fontaine que nous devions atteindre.

» Enfin, le soir du troisième jour, elle reconnut qu'elle s'était égarée et nous dit, pour expliquer son erreur, qu'elle n'avait été qu'une fois à cette fontaine, alors qu'elle était enfant. Je ne lui en ai pas moins donné un mouchoir, des grains de verre dont elle fut ravie, et, ce qui l'enchanta peut-être encore plus, autant de viande sèche qu'elle put en emporter.

» Restait toujours à nous procurer de l'eau : je montai à cheval et fis une nouvelle capture. Il faut pour cela prendre beaucoup de précautions, ne pas tirer un coup de fusil, ne pas faire claquer un fouet, dans la crainte d'effrayer les traînards. En général, dès qu'ils vous aperçoivent, les hommes s'enfuient et les femmes se cachent, à moins qu'elles ne supposent que vous les avez vues. Dans ce dernier cas, elles se débarrassent de ce qu'elles portent et se mettent à courir comme des lièvres, faisant des crochets, virant et serpentant jusqu'à ce que les naseaux de votre cheval leur frisent

1. Baldwin lui-même a déjà vu périr un bœuf pour avoir mangé de l'herbe *tulp*. Il est incontestable d'ailleurs que le poison du bétail existe dans cette région. Baines appelle cet arbuste makoun, et, ainsi que Chapman, il accuse les Boschimans de l'avoir à dessein mis en péril en conduisant les chariots dans le pays où pousse le makoun.

les oreilles; alors elles vous supplient de leur laisser la vie. Quand ces fuyards voient qu'on ne leur fait pas de mal, hommes et femmes se décident à vous suivre, et la crainte qui les possède ne tarde pas à s'évanouir. Dès qu'ils arrivent au camp, je les installe devant une masse de viande; ils sont bien vite apprivoisés, et rarement ils s'évadent.

» C'est par un homme que je remplaçai notre conductrice; mais lui aussi n'avait été qu'une fois à la fontaine et déclara, vers la fin du quatrième jour, qu'il lui était impossible de la retrouver [1]. »

Au bout de quelques jours, après de longues heures de faim et de froid, on vit enfin des éléphants.

« Nous étions partis de bonne heure pour aller, au bord d'une ravine où il y avait de l'eau, voir si les éléphants y avaient bu. Nous ne reconnûmes que les traces de la veille; mais huit Boschimans, qui nous accompagnaient, les suivirent admirablement bien; vers le milieu du jour ils tombèrent sur une piste récente, qui avait tout au plus quelques heures : les effluves étaient d'une fraîcheur merveilleuse, et nos guides, conduits par leur chef, l'homme le plus habile que j'aie jamais vu, chassaient en perfection. À la fin, la marche devint une course et, les empreintes nous faisant déboucher vers un lieu découvert, nous prîmes nos fusils des mains de ceux qui les portaient. Il y eut un moment d'hésitation; puis le chef se remit à courir avec une vitesse incroyable et, s'arrêtant tout à coup, nous montra les éléphants, cinq femelles et deux jeunes, qui s'alarmèrent immédiatement et s'éloignèrent.

» Nous courûmes à la lisière du bois pour les maintenir dans la plaine. Mon cheval avait peur, mes hommes tremblaient; ce qui ne m'empêcha pas d'arriver. Kleinboy, resté en arrière, tira de très loin la grosse femelle et la manqua. J'attendis une

[1]. Les récits de D. Livingstone sur les habitants du Kalahari ne permettent guère de croire à la franchise de ces déclarations d'ignorance au sujet de l'existence des fontaines, que Kleinboy va bien découvrir.

occasion favorable et, au moment où la petite bande, cherchant à se rembucher, n'était plus qu'à trente ou quarante pas, je fis coup double sur deux bêtes qui tombèrent comme deux lapins. L'une était morte, l'autre avait l'épaule broyée; celle-ci se releva, mais pour aller mourir à cinquante mètres.

» Pendant ce temps-là, voyant qu'elle m'appartenait, j'en poursuivis une autre, que je tuai aussi du premier coup. Arlington, également, frappait la quatrième entre l'œil et l'oreille, et la tuait raide à côté de celle que je venais d'abattre. Enfin, la dernière, petite et sans valeur, reçut plusieurs balles et ne fut achevée qu'à la sixième.

» Rafféta et Kleinboy, tandis que nous faisions ces prouesses, avaient découvert la piste d'éléphants de plus belle taille ; un coup de feu retentit bientôt dans la direction qu'ils avaient prise. Ayant lancé mon cheval de ce côté, j'entendis craquer les arbres et vis bientôt deux femelles et un très grand mâle, suivis d'une autre éléphante aux proportions énormes; celle-ci, qui n'avait pas de défenses, se tenait à l'écart, portait la tête haute et avait l'air le plus farouche[1].

» Le bois était bon et le vent modéré, bien placé relativement à moi; malgré cela, j'eus beaucoup de peine à séparer le mâle de cette *carl kop* (tête nue), ainsi que les boërs nomment les femelles édentées. A la fin, j'allai droit au mâle en criant de toutes mes forces; il quitta sa compagne, et je le tuai de deux balles qui, tirées de près, le frappèrent toutes deux au bon endroit.

» Au même instant, j'entendis Rafféta crier au secours : il était en face d'une grande femelle, sans pouvoir recharger son fusil. Du premier coup je démontai la bête en lui

---

[1]. Dans toutes les espèces sauvages, les femelles sont plus ou moins craintives ou irascibles que les mâles. Chez les éléphants, le mâle est grave, la femelle turbulente; elle s'aigrit à la vue de l'homme, arrive promptement à la fureur; et les plus redoutables de ces animaux sont les femelles à tête rase, c'est-à-dire sans défenses (les *carl kop* ou *poës kop* des boërs).

brisant l'omoplate, et Kleinboy, dont le feu durait toujours, finit par se montrer, une queue d'éléphant à la ceinture.

» Ainsi, en une demi-heure, nous avions tué cinq femelles et un mâle. »

Les éléphants étaient fort nombreux dans cette région. Mais notre chasseur vivait dans des transes perpétuelles à l'égard de la tsetsé[1], qui, s'il l'avait rencontrée, aurait tué ses chevaux et ses bœufs et l'auraient mis dans un cruel embarras.

Le 24 juillet cependant, nouvelle lutte avec les grands pachydermes[2].

« Si nous considérons, dit Baldwin, l'horrible fourré d'*attends-un-peu* où les éléphants s'étaient réfugiés, et la bévue que nous avions faite de ne pas attacher les chiens, nous pouvons dire que nous avons fait bonne chasse : trois vieux mâles, dont l'un, celui que j'ai tué, avait des défenses d'au moins 32 kilogr. chacune. Il nous avait fallu trois jours pour gagner la fontaine où l'on supposait qu'ils allaient boire. Installés au-dessous du vent, à mille pas du bord de l'eau, nous restâmes bien tranquilles, et à notre grande joie nous entendîmes les cris de la bande qui s'approcha et but pendant longtemps.

» Au point du jour, après avoir avalé notre café, nous allâmes relever les traces au bord de la fontaine, et les suivîmes, pendant trois heures, à travers l'*attends-un-peu*. Le

---

1. *Glossina morsitans.* A peine un peu plus grosse que la mouche commune, la tsetsé est pourvue d'une trompe analogue à celle du cousin, dont elle partage les appétits sanguinaires. Comme ce dernier, elle introduit un fluide venimeux à l'endroit où elle applique son suçoir. Sa piqûre, inoffensive pour l'homme et les bêtes sauvages, est mortelle pour le chien, le mouton, le bœuf et le cheval, tandis que le zèbre, l'antilope et le buffle n'en sont pas même malades. Parmi les animaux domestiques, la chèvre, l'âne et le mulet jouissent de la même immunité, ainsi que le veau tant qu'il n'est pas sevré. Le chien, au contraire, frappé dans son enfance, n'a plus, dit-on à craindre cette piqûre si on le nourrit de viande exclusivement.

2. Animaux à peau épaisse.

sol était dur, et les dépisteurs furent souvent déroutés. A la fin, la voix de Gyp se fit entendre à une assez grande distance. Nous prîmes nos fusils, que portaient les Saras, et nous nous dirigeâmes le plus vite possible du côté des abois; mais, sur ces entrefaites, Gyp ramena la bête auprès de nos hommes, qui déchargèrent leurs fusils au moment où elle passa. J'arrivai bientôt et lui envoyai deux balles, toutes deux mortelles. L'éléphant se retourna et fut achevé par une volée générale.

» Pendant ce temps-là, quelqu'un tirait un peu plus loin; je courus dans cette direction et vis un bel éléphant, armé de longues défenses, qui venait d'où le coup de feu était parti. La balle que je lui adressai le frappa juste derrière l'épaule. Il me chargea aussitôt avec fureur. J'avais à fuir à toute vitesse; il fallait prendre le dessous du vent, chercher la meilleure voie possible et ne pas perdre de temps à réfléchir. Après une poursuite de 500 mètres, la bête, à ma grande joie, s'arrêta tout à coup et disparut au plus épais du fourré. Craignant de la perdre, j'y entrai derrière elle, n'ayant pas même eu le temps de recharger.

» Nous n'étions plus qu'à trente-cinq pas l'un de l'autre, quand l'animal se retourna en relevant ses grandes oreilles, et je crus à une nouvelle attaque; mais il s'éloigna de nouveau. J'en profitai pour recharger mon fusil. Bref, ayant continué à le suivre jusqu'à ce qu'il m'offrit une chance favorable, je lui envoyai mes deux coups. Un flot de sang coula de sa trompe et je n'eus plus rien à craindre; il fallut cependant encore neuf balles, qu'Arlington et moi lui tirâmes, pour l'achever.

» Le troisième éléphant, un jeune mâle, fut tué par Rafféta, au sixième coup. »

Le 31 juillet, Baldwin se retrouvait sur les bords du Beauklekky, tellement abondants en faisans que celui « qui n'en tuerait que soixante dans sa journée ferait une mauvaise chasse ».

Il y resta huit jours pour réparer ses chariots, puis, toujours chassant, il reprit sa marche en suivant les bords de la rivière. Mais, paraît-il, il ne fut pas heureux. « J'ai été obligé, dit-il, de tuer un bœuf; et si je n'avais pas ma petite chienne Juno, il m'arriverait souvent de déjeuner et de dîner par cœur. »

Et cependant il n'y a pas eu toujours pénurie de gibier dans cette région.

Lorsque en 1849 le docteur Livingstone, accompagné de MM. Oswel et Murray, découvrit le lac Ngami, les bords de la Zouga étaient peuplés d'éléphants. « Ils sont en nombre prodigieux sur la côte méridionale, » écrivait le docteur; et Léchoulatébé donnait alors dix énormes défenses pour un fusil de 16 fr. 25.

A cette époque, les naturels attachaient si peu d'importance aux dents d'éléphant qu'ils les abandonnaient avec le squelette de l'animal. Deux ans après la découverte du lac, pas un n'ignorait la valeur de l'ivoire.

Les chasseurs, les trappes se multiplièrent d'autant plus qu'à l'appât du gain se joignit la nécessité de chasser pour combattre la disette causée par la sécheresse. Celle-ci fit affluer les animaux sur les bords des rivières; les abreuvoirs furent entourés de pièges, et l'affût devint général. On tua beaucoup et le gibier disparut; mais il est permis de croire qu'il a plutôt émigré qu'il n'a été détruit.

L'éléphant a reconnu le premier la portée des armes à feu : ayant compris le danger de vivre auprès des étangs et des rivières, il s'est éloigné de celles-ci, au bord desquelles on le cherchait, et s'est réfugié dans l'habitat de la tsetsé, qui le protège contre les chevaux et les chiens, ces auxiliaires de l'homme.

Les autres animaux l'ont suivi d'autant plus vite qu'ils avaient à fuir les chasseurs et la famine, car l'aridité de la plaine augmentait rapidement.

A l'époque où la Zouga, dont les eaux remplissaient le lit, coulait en aval du Kumadau, la végétation du Kalahari était luxuriante. Après la saison pluvieuse, d'immenses terrains se couvraient de melons, qui attiraient les espèces les plus variées, abreuvaient largement l'oryx, l'élan, le coudou, le steinbok, et rassasiaient les appétits les plus divers ; aujourd'hui, ces productions deviennent de plus en plus rares, à cause du dessèchement de ces régions.

Le 10 août, Baldwin aperçut dix buffles, dont deux étaient debout. Il tira l'un de ces derniers à quatre-vingts pas. Les dix buffles partirent et le chasseur les aurait abandonnés, sans sa chienne Juno, qui suivit les traces du blessé. Quelques instants après, il l'entendit tenir la bête aux abois. Lorsqu'il arriva, le buffle rendait le dernier soupir ; il avait été frappé juste au bon endroit. Sans Juno, le buffle eût été perdu.

Trois jours après, dès le matin, notre chasseur sortit pour chercher la solution d'un problème qui l'avait intrigué toute la nuit.

« Voulant, dit-il, me placer à l'affût pour tuer un rhinocéros, j'avais pris une pirogue manœuvrée par deux Makoubas. Il faisait clair de lune et, tandis que nous remontions la rivière, nous entendîmes en aval boire et battre l'eau violemment. Mes bateliers ayant prétendu que c'étaient des éléphants, nous descendîmes à la hâte et sans bruit vers le point en question. Comme le canot glissait auprès d'un arbre tombé dans la rivière, deux masses confuses prirent la fuite avec une rapidité folle et reçurent en même temps une balle que je leur envoyai à tout hasard.

J'avais bien distingué autour de la face quelque chose de blanc qui pouvait être de l'ivoire ; mais, sous le rapport de la taille et de l'impétuosité, cela ressemblait beaucoup plus à des buffles qu'à des éléphants. Le bois était d'une grande épaisseur jusqu'à la rive ; il faisait un froid glacial ; je pris une pagaie et, secondés par la force du courant, nous arrivâmes lestement aux chariots.

» Revenu au lever du jour à l'endroit où j'avais tiré la bête, je ne vis pas la moindre trace de sang. Une piste de buffles partait du bord de la rivière; je la suivis pendant cinq ou six kilomètres, et j'aperçus, à deux cents pas, un vieux mâle vers lequel je m'avançai en rampant. Trois autres m'apparurent alors, et Gyp, qui les avait flairés, se mit à fondre sur eux. Il n'y avait pas de temps à perdre, je courus à mon tour et les vis détaler à cent mètres en avant.

» Je tirai celui des buffles qui était en dehors du groupe; il céda aussitôt à la balle, demeura en arrière et fut mis aux abois par Gyp, à cinq cents mètres, dans un lieu complétement nu. C'était un duel à mort; l'un ou l'autre devait périr, lui ou moi : la chose était claire. Je profitai de ce que Gyp absorbait son attention pour commencer une rampée prudente; mais je n'avais pas franchi quarante mètres lorsqu'il m'épargna la peine d'aller plus loin en mourant tout à coup. La balle qui l'avait frappé au-dessous de la hanche lui avait traversé les poumons.

» L'énigme de cette nuit me fut alors expliquée : ce vieux mâle n'avait plus un poil sur la tête ni sur la face, et le blanc teinté de bleuâtre, que j'avais pris pour de l'ivoire, était la couleur de la peau dénudée.

» Quelques jours après, je fus abandonné par mes Cafres. Voici dans quelles circonstances : La route est de plus en plus mauvaise et le tirage effrayant; or les chariots étaient remplis jusqu'à la toile d'une foule d'objets sans valeur appartenant à mes hommes : des fragments de dépouilles, des débris de toute espèce dont il est impossible de se défaire, attendu que si vous jetez quelque chose, l'un ou l'autre ne manque pas de le ramasser et de le caser dans un endroit choisi.

» Pour remédier à cet inconvénient, j'avais mis au service

de mes Cafres un bœuf de charge tout équipé, afin de ne plus rien voir à eux dans les voitures.

» Le troisième jour, ces marauds sans entrailles laissèrent à mon insu la pauvre bête en plein soleil, brouter pendant six ou sept heures sans l'avoir déchargée. Lorsque j'appris le fait, ma colère fut vive et je dis à l'un d'eux, qui n'avait rien à faire, car j'ai beaucoup trop de monde, qu'il devait au moins porter ses bagages. Le jour suivant, les vieilles courroies, les vieilles tentes, les vieux sacs, tout ce que j'avais jeté depuis le départ se retrouvait dans les chariots.

» Cette fois, je résolus d'en finir et, comme nous étions au bord de la Beauklekky, je lançai dans la rivière les peaux de chèvre et de mouton, le vieux oint et tout le reste, y compris deux couvertures. Mes Cafres se réunirent immédiatement, vinrent m'annoncer qu'ils me quittaient et partirent en effet. Il furent rejoints dans la soirée par les deux autres; l'un de ces derniers, qui était au service de Woodcook, l'intègre Umlenzi, que l'on supposait incapable d'une mauvaise action, emporta le fusil de son maître.

» J'ai conservé le vieux Tébé et mes cinq Hottentots; ils me suffisent, et je suis presque satisfait d'être débarrassé des autres.

» J'ai une paire de petits Saras parfaitement assortis, deux bambins remplis d'adresse, d'intelligence et de bon vouloir, que j'appelle Meercat et Ngami. Bien loin d'avoir le caractère de la traite, cet acte appartient à la charité : j'ai pris ces pauvres petites créatures amaigries par la faim et qui trouvaient à peine assez de racines, de joncs, d'aliments insalubres pour se conserver la peau sur les os. J'achète ceux qu'on m'amène, et cela par pitié, nullement pour en faire des esclaves. Ils n'ont alors que la tête et l'estomac, des joues creuses, des yeux caves, une peau ridée, le squelette d'un petit vieillard; mais un bon régime et l'eau transparente d'une rivière les font bientôt changer d'aspect. Cela tient du miracle. Ils ont un appétit effrayant; malgré tout ce que je leur donne, il m'a fallu deux ou trois fois les empêcher de grignoter l'empeigne d'un vieux soulier, un bout de lanière ou le coin d'une peau de girafe.

» Ngami est un présent que m'a fait Léchoulatébé. J'avais demandé à ce prince des avares ce qu'il m'offrirait en échange de tout ce que je lui ai donné; il me répondit qu'il ne possédait rien.

» N'avez-vous pas de Saras, lui dis-je en riant.

— Oh! oui, répliqua-t-il; et puisque c'est là tout ce que vous désirez, je vous en enverrai un. »

» Quelque temps après, je vis arriver un bambin décharné, qui n'entendait pas un mot de notre langage, n'était compris d'aucun de nous, mais paraissait fort heureux d'avoir changé de résidence et fut immédiatement à son aise. Un oncle du chef me dit alors qu'il avait un marmot du même âge, qu'il me le vendrait volontiers pour des grains de verre. J'envoyai chercher l'enfant pour que Ngami eût un camarade. C'était un franc petit Boschiman; il ressemblait tellement à un meercat, espèce d'ocelot, que je lui en ai donné le nom. Mais la dernière fois que je suis allé au Mérico chez M. Zimmermann, un missionnaire allemand où je les ai placés tous les deux, Meercat était devenu l'un des plus beaux petits garçons qu'on pût voir. »

On ne saurait se figurer la misère effrayante qui sévit parmi les Saras ou Boschimans errants. Une fois Baldwin trouva sur sa route une vieille femme d'une maigreur atroce, qui tenait par la main deux marmots de quatre à cinq ans; tous les trois étaient complètement nus, sans la moindre ceinture; ils n'avaient pas d'habitation, et vivaient de racines, de baies, de melons d'eau amers, de tortues et d'insectes. Il donna l'ordre de les amener au camp; la femme ne voulut pas venir, et depuis il n'en entendit plus parler. « Ils seront morts de faim, ajouta-t-il; cela ne fait pas le moindre doute. »

La chaleur devenait de plus en plus insupportable. Pendant le jour, les mouches torturaient le voyageur ; à la chute du jour, elles étaient remplacées par des légions de moustiques de l'attaque desquels il ne pouvait se garantir ; il lui était impossible d'endurer le moindre lambeau de couverture.

« *5 octobre.* — Hier, nous avons vu un parti d'Anglais dont la rencontre a rompu fort agréablement la monotonie de la route. Au nombre des voyageurs étaient M. Palgrave et M. et madame Thompson, deux nouveaux mariés, qui, pour leur promenade de noces, ont choisi la route du Cap à la baie de Valfish, en passant par le lac Ngami. Comme nous allions en sens contraire et qu'il faisait excessivement chaud, les conducteurs n'ont pas voulu arrêter les bœufs au soleil plus qu'il ne fallait pour échanger quelques paroles, et l'on n'a pas eu le temps d'apprendre beaucoup de nouvelles. Toutefois Arlington a pu faire une provision de tabac qui vaut pour lui son pesant d'or. Malheureusement j'étais à la chasse et je n'ai pu voir que le docteur Holden, originaire du Lancashire, un natif de Burley.

» Je ne sais pas dans quel but il voyage : il a deux serviteurs blancs et marche avec toute espèce de confort. Son intention est de gagner le Zambèze et de descendre ensuite chez Mosilikatsi pour y joindre Moffat. La chose lui sera très difficile. Autant qu'il est permis d'en juger, il n'a aucune des connaissances nécessaires pour accomplir la tâche ardue qu'il s'est proposée ; il ne connaît ni les chevaux ni les bœufs. Toujours est-il que je lui ai dû la soirée la plus agréable que j'aie passée depuis longtemps, plaisir qui se renouvellera ce soir. Demain, nous attellerons au point du jour et nous nous séparerons, sans doute pour ne jamais nous revoir [1].

» *Bachoukourou, 12 octobre.* — Nous avons fait au moins

---

[1]. Ce pauvre docteur Holden est mort de la fièvre en 1861. L'année suivante, Léchoulatébé détenait encore son chariot et ses effets en refusant de les renvoyer à Otjimbingue, sous prétexte qu'il voulait ne les remettre qu'à des envoyés dûment autorisés par le gouverneur du Cap.

200 kilomètres, à partir de la Beauklekky. De belles nuits éclairées par la lune ont favorisé notre marche; les matinées et les soirées ont été fraîches, et en quittant la rivière nous avons, Dieu merci! vu notre dernier moustique; mais l'eau est devenue rare. Le premier réservoir s'est trouvé à Nokohotsa, une eau saumâtre, et en petite quantité. Il a fallu ensuite marcher quarante-huit heures pour arriver à Lotlocarni, où, cette fois, l'eau était suffisante, et où nous avons joui de la société de deux missionnaires anglais, MM. Helmore et Price, qui, accompagnés de leurs femmes et de leurs enfants, se rendent chez Sékélétou, sur les bords de la Tchobé, et de là sans doute au Zambèze[1].

» Nous avons séjourné à Lotlocarni et travaillé sans relâche pour réparer le vieux chariot, qui en avait terriblement besoin.

» J'y ai tué deux girafes, dont l'une a été pour M. Helmore. C'est un très galant homme, et je n'ai accepté qu'à mon corps défendant les conserves de légumes qu'il a bien voulu m'offrir. J'avoue néanmoins qu'après huit mois de pain et de bœuf la tentation était irrésistible. La marche est pénible dans ces sables mouvants; quatorze bœufs tirant tous à merveille suffisent bien juste à traîner le chariot sur le pied de trois kilomètres à l'heure. »

Le 12 octobre, à Caballa, Baldwin rencontra deux boërs qui revenaient au Mérico avec les dépouilles de quatre-vingt-treize éléphants. Ils s'étaient avancés beaucoup plus au nord que notre chasseur et précisément où on l'avait empêché de se rendre, sous prétexte qu'il n'y aurait pas trouvé d'eau. Ce dont il était surtout mortifié, c'est qu'il était sur la voie, dans la direction juste, a trois ou quatre jours à peine, et que tous les obstacles étaient surmontés.

1. Ces missionnaires ont eu une fin tragique; empoisonnés par Sékélétou, disent Léchoulatébé et Séchéli; morts naturellement de la fièvre, affirme le docteur Livingstone.

Les deux boërs avaient trouvé là un pays splendide, une quantité de fontaines, de l'eau de roche, pas de broussailles, et des éléphants en grand nombre, qui n'avaient jamais été chassés.

Baldwin cependant n'avait pas à se plaindre, car il rapportait, en dents magnifiques près de deux mille trois cents kilogrammes d'ivoire.

« Nous n'avons rien pu obtenir en fait de victuailles, de Sicomo ni de ses sujets, malgré la faim à laquelle ils nous voyaient réduits. Un missionnaire allemand, nouveau dans la contrée, m'a envoyé un mouton et un demi-seau de farine. Si peu que cela paraisse, le don est considérable, car on ne trouve rien dans le pays; tout le monde est affamé, et le grain n'est pas encore en terre. Le sol est fendu; l'argile en est cuite; il n'y a pas un brin d'herbe; les fontaines, que j'avais toujours vues abondantes, n'ont presque plus d'eau; il y a dix mois qu'il n'en est tombé une goutte; mais le ciel est toujours couvert, et nous espérons qu'il va pleuvoir.

» Ne pouvant plus chasser et ne trouvant rien à acheter, j'ai dû faire abattre un de nos bœufs : mes deux petits Saras pleuraient de faim. Le jour suivant, j'ai tué trois girafes, et Kleinboy une quatrième. Si la route n'avait pas été si mauvaise ni les chariots si pesants, nous aurions pu faire une provision de boultong, qui nous aurait conduits jusqu'à la résidence de Séchéli, où nous serons probablement la semaine prochaine.

» *Lopépé*, 1er *novembre*. — Nous avons eu enfin quatre jours de pluie, quatre bons jours qui nous empêcheront de manquer d'eau; mais le remède devient pire que le mal, car le froid, qui a pris subitement, comme il arrive toujours en pareil cas, nous a tué deux bœufs. Les survivants sont de vrais spectres. Enfin, depuis huit jours que nous sommes ici, j'en ai passé quatre sur le grabat. Le changement de température m'a redonné un violent accès de fièvre. Je voulais partir ce matin ; mais la route est dans un état si affreux qu'il a fallu y renoncer.

» Notre dernière poignée de farine a disparu depuis longtemps, et nous n'avons plus que la chasse pour ressource. Une belle nuit, pendant que j'étais à Massouey, mes Hottentots m'ont quitté sans m'avoir prévenu de leurs intentions ; je n'y vois pas d'autre motif que l'abstinence à laquelle nous étions condamnés.

» La pluie a fait un bien incroyable ; j'espère qu'il en résultera une abondante récolte : c'est même à peu près sûr. En cas de sécheresse, les indigènes n'auront d'autre moyen d'exister que de chercher leur misérable vie dans les bois, et ils mourront de faim par centaines.

» A l'une de ces époques effroyables, M. Schroeder, l'un des membres de la mission qui est dans les États de Séchéli, fit acheter de la farine au Mérico. Tous les lundis matin, il donnait un petit pain aux Cafres baptisés ; les pauvres gens allaient après cela chercher des racines, des baies, des fruits sauvages, des tortues, des grenouilles, des insectes : rien n'était méprisé. Ils se traînaient ainsi jusqu'au lundi suivant, où ceux qui avaient réussi à ne pas mourir recevaient un nouveau pain.

» Voici une pauvre femme qui suit mon chariot depuis la frontière de Mosilikatsi ; elle n'a pas, dit-elle, d'autre chance de manger, ne s'inquiète pas de savoir où elle va, et s'efforce, pauvre créature ! de se rendre utile, en allant chercher du bois, en allumant du feu, etc. »

Le 22 octobre, Baldwin quittait les États de Sicomo. Il avait engagé chez ce chef vingt Cafres ; mais, le 1ᵉʳ novembre, il fut forcé d'en renvoyer huit, car, une fois sorti du terrain de chasse, il n'aurait pas eu le moyen de nourrir un aussi nombreux personnel. Il perdait une grande quantité de viande ; le gros gibier tué tombait si loin des chariots qu'on ne pouvait rapporter, tout de suite, que la moitié au plus de la bête; le reste était immédiatement dévoré par les vautours.

En outre, les wagons étaient tellement chargés, les bœufs dans un si piteux état, qu'il eût été difficile de prendre plus d'une ration d'avance; chaque jour devait suffire au lendemain.

Les Cafres sont grands mangeurs; mais, au besoin, ils savent rester trois jours sans nourriture. Ils aiment beaucoup le gibier à plume, surtout les petits oiseaux, qu'en général ils font griller tout vivants lorsqu'ils peuvent les prendre avant que les ailes soient empennées. À l'époque où Baldwin était près de la Beauklekky, des myriades de petits oiseaux venaient se remiser chaque soir dans les grandes herbes qui bordent la rivière, et en sortaient le matin; au premier vol que l'on voyait passer, tous les Cafres saisissaient leurs bâtons et leurs kerries, espèces de massues ou plutôt d'assommoirs qu'ils lancent avec beaucoup d'adresse : cinq ou six oiseaux étaient abattus d'un seul jet, et la quantité de ceux qui étaient ramassés formait une belle masse.

Le 17 novembre, Baldwin arriva au village de Séchéli, où il prit six jours de repos.

Le soir même de son arrivée, une hyène lui prit une chèvre qui était fixée par la jambe à la roue du chariot dans lequel il dormait. Cinq hommes étaient couchés sous ce même chariot, et deux chevaux se trouvaient attachés à la roue de derrière.

Ce fut aussitôt un branle-bas général, une levée de massues, de sagaies et de tisons flambants, accompagnés de cris infernaux. La bande était guidée par les gémissements de la pauvre chèvre; mais les plaintes s'éloignaient à mesure qu'on avançait; et la bête ravisseuse disparut avec sa proie. Les bêlements s'éteignirent, les chiens s'effrayèrent, la nuit était sombre, les hommes n'avaient plus rien qui les guidât, et la chasse fut abandonnée.

Des trois chèvres que possédait Baldwin, la hyène avait pris la meilleure. S'il ne l'avait pas vu, il n'aurait jamais cru cet animal capable d'emporter une bête aussi lourde (au moins 35 kilos), et avec une pareille vitesse.

Le 11 décembre, après avoir traversé le Mérico, Baldwin se retrouvait à la frontière de la république d'Orange.

Là, il lui fallut se défaire d'une partie de la cargaison; il s'y trouvait obligé. Il vendit 453 kilogr. d'ivoire sur le pied

CHÈVRE ENLEVÉE PAR UNE HYÈNE.

de 6 fr. 15 les 453 grammes; mais il ne put obtenir, pour 226 autres kilogr., que 3 fr. 95 par 453 grammes. Toutefois, avec des plumes d'autruche, à 188 fr. 40 les 453 grammes, plus un petit lot de karosses [1] et de cornes de rhinocéros, il arriva à la somme d'environ 10 800 francs; et il lui restait

1. Manteaux faits avec des peaux de bêtes.

encore tout un chariot du plus bel ivoire et ses karosses les plus précieux.

L'un de ses chariots étant vide, il se chargea de transporter à Natal 1 360 kilogr. de laine et d'ivoire, au prix de 10 fr. les 45 kilogr. C'était un petit bénéfice, mais il ne crut pas devoir le négliger.

Le Vaal coulait à pleins bords ; on était dans la saison pluvieuse, les rivières grandissaient rapidement, et, après avoir failli mourir de soif, notre chasseur allait être arrêté par l'inondation. Plusieurs fois déjà il avait manqué périr par suite de la crue des eaux.

« Un jour, dit-il, j'avais à franchir le Touguéla : je le trouvai débordé. Néanmoins, craignant les Bushmen, qui, tous voleurs de chevaux, étaient nombreux dans les environs, je résolus de conduire mes chevaux sur l'autre rive, et j'y réussis en les faisant nager parmi les bœufs de rechange. Restait à passer la voiture, une charrette couverte et suspendue que j'avais fait faire assez longue pour pouvoir y coucher. L'entreprise était sérieuse ; elle fut discutée avec mes Cafres, et, après avoir entendu le pour et le contre, je dis à mes hommes qu'ils ne souperaient que sur la rive droite. Ils n'hésitèrent plus à gagner l'autre bord. Je fis attacher toutes les courroies disponibles au bout les unes des autres, afin d'en composer une grande longe pour guider les bœufs, et nous attelâmes immédiatement. La charrette fut lestée avec de grosses pierres que Matakit se chargea de maintenir en s'asseyant dessus. Je fixai la toile de chaque côté aux essieux, puis à l'avant et à l'arrière, et je montai sur le siège, mon grand fouet à la main. Inyous et Mick saisirent l'extrémité de la longe et s'en allèrent à quelque vingt pas des premiers bœufs qui avaient de l'eau juste au point où ils allaient être forcés de nager. Le sol était bon, je donnai le signal et nous partîmes. Les bœufs avançaient, la charrette flottait bien, tout se passait à merveille ; j'éprouvais une vive satisfaction.

» Lorsque les bœufs eurent rejoint nos conducteurs, je criai à ceux-ci de leur rendre la longe et de s'écarter de la voie; mes hommes se troublèrent, sentirent qu'ils s'engravaient, tirèrent sur l'attelage qui décrivit une courbe, et dont les premiers bœufs, entraînés par le courant, ne se trouvèrent plus qu'à deux pieds de mes genoux.

» Comprenant que nous allions chavirer, je me lançai dans

LE CHARIOT CHAVIRANT DANS LA TOUGÉLA.

la rivière le plus loin possible et me mis sur le dos pour voir ce qui était arrivé.

« La charrette avait disparu; Inyous et Mick, perchés sur les bœufs du centre et pris d'une horrible frayeur, se laissaient aller à la dérive. Je n'apercevais pas Matakit. Le pauvre garçon était renfermé dans la charrette; les grosses pierres sur lesquelles il était assis devaient lui avoir écrasé la tête.

» J'essayai d'aller à son aide, mais le courant s'y opposait. Mes forces commençaient à s'épuiser, quand, à ma joie bien vive, j'aperçus mon Cafre à peu de distance. Il battait l'eau vigoureusement; et, bien qu'il eût déclaré jusqu'ici ne pas savoir nager, il se tira d'affaire à merveille. Bref, à l'exception d'un seul qui se noya, tous les bœufs finirent par aborder; bêtes et gens se trouvèrent sur la rive droite, où ils arrivèrent sains et saufs. Mais de tous les objets qui étaient contenus dans la charrette, il ne me resta que mes deux fusils que j'avais solidement attachés aux parois; tout le reste fut perdu. »

Quelques jours après, Baldwin rencontra deux Allemands, un maçon et un forgeron, qui lui demandèrent à voyager avec lui. L'un d'eux avait un fusil d'assez mauvaise apparence; notre chasseur l'invita à le décharger avant d'entrer dans le chariot. Le fusil éclata; l'homme eut trois trous dans son chapeau, un dans la tempe et les deux yeux brûlés. Il tomba inondé de sang. On le crut mort; mais, grâce aux soins que lui prodigua Baldwin, il se rétablit parfaitement.

En rentrant dans le Natal, notre chasseur se trouvait en possession de soixante bœufs, représentant une somme assez ronde, attendu qu'ils pouvaient lui fournir quatre ou cinq attelages des mieux appareillés. Aussi était-il fier de son bétail et lui portait-il un vif intérêt.

CHAPITRE V

LE ZAMBÈZE ET LES CHUTES VICTORIA. — RETOUR EN EUROPE

Après un repos d'une couple de mois, Baldwin regagnait le centre de l'Afrique australe et, au commencement d'avril 1860, il se trouvait à Scoun-Spruit, à plus de 700 kilomètres de Natal. Cette année il était bien monté en chiens. Outre son excellente Juno, il en avait cinq autres : l'onto, vieille bête pleine d'expérience et presque aussi brave que Juno, Painter, Gyp, Wolf et Captain, parfaits pour le gros gibier. Il possédait cinq chevaux, des chariots bien approvisionnés, quarante-cinq kilos de poudre, deux cent vingt-six de plomb et était accompagné de six indigènes, Cafres et Hottentots.

Le 17 avril, en poursuivant une troupe de zèbres, son cheval Midnight roula dans un trou et lui fit deux ou trois culbutes sur le corps. Cet accident immobilisa notre chasseur pendant quelques jours ; mais il continua sa marche, et le 21 il avait gagné le Mérico.

Le 26, quatre de ses domestiques, Tanga, Matakit, Boy et Boccas, le quittèrent, lui ayant entendu dire qu'il avait l'intention de se rendre chez Mosilikatsi, nouvelle qui les avait frappés de terreur. Baldwin regretta profondément les deux premiers. Tanga, à son service depuis huit ans, était excellent cuisinier, très bon conducteur, adroit, vigoureux, bon à tout et fort obligeant. Matakit, qui le suivait depuis cinq ans, était le meilleur dompteur de chevaux qu'il ait jamais rencontré : huit jours lui suffisaient pour faire de l'animal le plus sauvage la bête la plus douce et la plus calme. Boccas était le conducteur de ses chariots; quant à Boy, il ne valait pas grand'chose.

Il ne lui restait plus que deux Cafres, Spearmann et Charley; mais il trouva immédiatement un autre conducteur nommé Adonis, et deux Betjuanas qui, moyennant des grains de verre, consentirent à conduire ses chevaux et ses bœufs jusqu'au village de Séchéli.

Il y arriva le 5 mai. Le chef, qu'il retrouva gros et gras, l'aida considérablement à vider un demi-baril de vin de Pontac, mais ne lui donna rien en retour.

Quatre jours après, il quittait Capong, résidence de Séchéli, après y avoir engagé un indigène du nom de January, qu'il connaissait de longue date et qui n'avait pas son pareil pour démêler une piste et pour retrouver sa route en l'absence de tout point de repère.

« *Batlanarmi*, 9 *mai.* — Nous avons heureusement trouvé de l'eau en deux endroits, au fond d'un pli du sol, et toute la bande, y compris les chiens, a traversé de la manière la plus satisfaisante la partie redoutée de la route.

» J'ai tué un élan au beau milieu du chemin, mais fort loin des chariots. January a pu en rabattre un autre vers les voitures, où les chiens l'ont tenu aux abois d'une façon magistrale. Boccas a tué cette seconde bête. Ainsi, nous sommes pourvus surabondamment de venaison délicieuse autant que nécessaire, car les hommes de Séchéli sont au nombre de quarante.

» J'ai beaucoup souffert, et je souffre encore d'un rhumatisme dans l'épaule gauche ; c'est au point que je ne peux pas lever mon fusil. De plus, j'ai eu la main presque broyée en attelant un bœuf indocile ; la contusion est grave. En pareil cas, lorsqu'il y a déchirure de la peau, nous appliquons une feuille de tabac que l'on a bien mâchée, et que l'on emploie tout humide.

Stably, l'un des frères de Séchéli, m'a loué un naturel du Kalahari pour tout le temps de mon expédition, en me recommandant surtout d'avoir bien soin de cet homme, qu'il traitait, lui, beaucoup plus mal qu'un chien.

» Nous avons travaillé toute la journée au chariot de Séchéli, dont l'état est pitoyable : pas un rayon qui ne soit sorti des moyens; mais, avec du cuir vert, il n'y paraîtra plus : cela tient comme un étau, se contracte au soleil et produit un effet surprenant.

» 12 mai. — J'écris ces lignes à Massoxey, où nous sommes arrivés hier au soir. La fontaine est remplie d'une eau délicieuse.

» Le soleil est d'une extrême ardeur, et la route fatigante. Je viens de jeter deux peaux d'élan pour alléger les voitures. Un Sara, mourant de faim, en a immédiatement dévoré une partie, découpé le reste et emporté les morceaux, qu'il destine au même usage. »

Le 18 mai, Baldwin arriva à Labotani, après avoir franchi une énorme distance, et y trouva beaucoup d'eau.

« Dans la nuit, dit-il, j'ai été tiré de mon premier sommeil par une toux brève et rauque, et je n'ai plus refermé les yeux. Je savais trop bien, hélas! ce qu'elle me présageait, et m'eût-elle annoncé ma propre mort, au lieu de celle de mon pauvre cheval Frenchman, que je n'aurais pas été plus triste. J'espérais néanmoins qu'une profusion d'eau blanche et de grain bouilli le remettrait. Il venait aux voitures, s'approchait de moi; son regard navrant implorait du secours.

» Je ne peux pas voir souffrir un animal dont la douleur est muette et, mettant le fusil sur l'épaule, je suis parti pour la chasse. Comme je revenais, juste au coucher du soleil, mon pauvre cheval tombait mort.

» Au milieu de cette immense étendue toute boisée, n'offrant aucun vestige d'être humain, sans personne avec qui je puisse m'entretenir, je sens le poids de la solitude.

» Nous entrerons demain dans une région nouvelle; pas un de nous qui en ait même entendu parler; mais il y a des preuves certaines de pluies récentes, et probablement nous trouverons de l'eau dans les ravins, les bas-fonds, les réservoirs habituels. Cela m'encourage à poursuivre ma route.

» C'est une vie émouvante pleine d'espoir et de déceptions, de plaisirs et d'angoisses, de succès et de revers, que celle que je mène. Elle a des charmes irrésistibles; mais elle exige un esprit résolu, de l'énergie et de la persévérance. Si je peux seulement n'être pas malade, je ne craindrai rien; mais ma constitution est très ébranlée. J'ai un pauvre appétit : je ne mange guère que de la volaille froide, pintade, koran, perdrix, faisan, canard ou dikkop.

» Voilà deux jours que je suis à chercher un guide. Le vieux Kaballa, chef d'une tribu d'indigènes du Kalahari, est considérablement ébranlé par mes offres, et je n'attends plus que sa réponse définitive.

» Aujourd'hui 21 mai, un élan superbe, une femelle grasse, a été réduit aux abois. Je suis revenu peu de temps après mon écuyer et sept Kalahariens. Une piste récente fut bientôt découverte. Suivie avec une persévérance infatigable, elle nous a fait décrire un cercle régulier. Malgré le profond silence que nous avions gardé, les élans avaient senti notre approche et s'étaient enfuis à toutes jambes, comme le témoignaient leurs empreintes.

» January mit son cheval au galop, conserva cette allure autant que le permit l'état du fourré, et suivit les traces d'une façon merveilleuse pendant cinq ou six kilomètres. J'étais derrière lui, monté sur Férus, qui commençait à respirer bruyamment; je l'aurais fait arrêter si la piste ne nous avait pas ramenés aux chariots. January galopait toujours, malgré l'épaisseur du bois, et je finis par avoir trois femelles en vue.

» Mes compagnons avaient fait leur devoir; c'était maintenant à moi de passer en avant. Je me contentai d'abord de suivre de loin mes trois élans pour que mon cheval reprît haleine; puis, arrivant à une éclaircie, je lâchai la bride à Férus, qui partit avec une rapidité effrayante. Conduit par les trois bêtes au milieu des trappes d'un hopo[1], je dirigeai mon cheval du côté où la palissade était le plus épaisse, comme étant celui qui offrait le moins de danger. Férus, bondissant comme un cerf à travers une lande couverte de broussailles peu élevées, courut droit à la meilleure des trois femelles, qu'il sépara des autres et que je tuai sans quitter l'étrier.

» L'un de mes Hottentots, qui en ce moment est ivre, s'amuse à jouer au gouverneur avec les Saras, qu'il pourchasse dans toutes les directions. Si je ne l'arrête pas, tous ces gens vont disparaître, et nous ne pourrons plus trouver de guide pour nous conduire à la première eau, qui, je le crains, est loin d'ici.

» L'ivresse de mon Hottentot a failli avoir des conséquences très graves. Lorsque je suis arrivé, cet ivrogne, qui avait déjà fendu la tête à un individu avec une marmite de fer, venait de prendre son fusil, bouclait tranquillement son ceinturon et se disposait à tuer deux ou trois Saras, qui, disait-il, l'avaient insulté. En un clin d'œil, tous ces gens disparurent

---

[1]. Piège à prendre les animaux. Ce piège consiste en deux haies se rapprochant l'une de l'autre comme pour former un V; très épaisses et très hautes au sommet de l'angle, au lieu de se rejoindre complètement, elles se prolongent en droite ligne, de manière à former une allée d'environ cinquante pas de longueur, aboutissant à une fosse de trois à quatre mètres carrés et de deux mètres et demi de profondeur. Des troncs d'arbres sont placés en travers sur les bords de la fosse, principalement sur le côté par lequel les animaux doivent arriver et sur celui qui est en face et par où ils cherchent à s'échapper. Ces arbres forment, au-dessus de la fosse, un rebord avancé qui rend la fuite presque impossible; le tout est recouvert de joncs dissimulant le piège et lui donnant l'apparence d'un trébuchet posé dans l'herbe. Comme les deux haies ont souvent 1 600 mètres de longueur et que la base du triangle qu'elles décrivent est à peu près de la même dimension, une tribu qui forme autour du *hopo* un cercle de quatre ou six kilomètres de circonférence, se resserrant peu à peu, est certaine d'englober une grande quantité de gibier.

dans les broussailles comme des lapins et, le soir, j'eus toutes les peines du monde à les décider à revenir.

» Quant à mon homme, sitôt que je lui eus arraché le fusil des mains, il fit ses paquets, avec l'intention de partir immédiatement, consentit à rester jusqu'au lendemain matin, ne se souvint plus alors de ce qui s'était passé, et les choses reprirent leur cours habituel.

» 3 *juin*. — Nous sommes au bord d'un réservoir d'eau pluviale; l'immense saline, dont la longueur est de neuf jours de marche sur un de large, se déploie en face de nous, et c'est bien tout ce que l'on peut imaginer de plus affreusement triste. Accompagné d'un Sara, je viens d'explorer les environs. Aussi loin que la vue peut s'étendre, on ne voit que du sable, et, en fait d'êtres vivants, je n'ai aperçu qu'un très petit nombre de gnous, un ou deux misérables springbucks, et neuf autruches mâles qui couraient à la recherche d'un lieu moins désolé.

» Je vais pouvoir profiter de la pleine lune pour franchir la saline. Nous sommes tout à fait à son extrémité orientale; en marchant vingt-quatre heures, j'espère que nous en serons quittes, et qu'avant peu nous trouverons des éléphants, au moins quelques traînards.

» Hier, j'ai vu des empreintes d'antilopes noires, mais pas un seul de ces animaux. En les cherchant, le hasard m'a fait découvrir, au cœur de la forêt, un étang où viennent boire d'immenses troupeaux de buffles et auquel aboutissaient vingt pistes au moins de rhinocéros et d'autres animaux. J'aurais aimé à faire une veillée sur ses bords; mais j'étais déjà fort en arrière des chariots; il m'a fallu partir; sans cela quel plaisir j'aurais eu!

» 10 *juin*. — Toute la semaine dernière s'est bien passée; nous avons franchi la Miia, qui était à sec; la Qualiba, où il n'y avait plus d'eau qu'à la source: encore était-ce au fond de quatre citernes; le Chonain, d'une largeur de quatre mètres, également tari ; le Simouaim, de la même étendue, dont l'eau superficielle était saumâtre ; enfin la Choua, où l'eau est à la fois bonne et copieuse, et près de laquelle nous sommes arrêtés. Le pays est désolé par la sécheresse : il n'y a pas eu de pluie, à ce que disent les Saras. Les feuilles se détachent des arbres, et tout ce que l'on voit souffre et languit.

» Un Betjouana, qui faisait partie de la suite d'un boër et qui a déserté, nous a rejoints hier au soir ; il me représente le pays vers lequel nous allons comme entièrement dépourvu d'eau et de gibier, et prétend que les chasseurs qu'il accompagnait reviennent sur leurs pas ; mais je n'ajoute aucune foi à ses paroles : je suppose que c'est une ruse pour m'engager moi-même à ne pas aller plus loin. On dit toutefois que les éléphants ont quitté cette région pour se rendre où la pluie est tombée. Je serais, quant à moi, fort disposé à changer de route et à me diriger vers le territoire de Mosilikatsi ; mais cet odieux tyran ne me permettrait pas de chasser. Dans tous les cas, j'envisage ce dessein comme une dernière ressource. »

Le 10 juin, Baldwin perdit Kaffir, l'un de ses meilleurs bœufs de trait : une lance empoisonnée tomba sur lui tandis qu'il paissait sous un arbre, lui traversa l'échine, et le fit considérablement enfler. Ne voyant aucun moyen de le sauver, il lui tira un coup de fusil.

Les Saras établissent de ces lances pour le rhinocéros et en général pour toute espèce de gibier ; elles sont suspendues aux branches d'un arbre, à une assez grande hauteur ; la corde qui les soutient est maintenue en travers du sentier par une fourche et va s'attacher à un piquet légèrement enfoncé dans le sol. Tout animal qui, en passant, heurte la corde, fait tomber sur lui une hampe de quatre pieds de longueur et plus grosse que le poing, se terminant par le fer barbelé d'une sagaie, trempé dans du poison, et emmanché peu solidement, de façon à se détacher et à rester dans le corps de la bête, où l'a fait entrer le poids de la poutrelle augmenté par la chute.

Le lendemain soir se présenta un individu dont l'unique vêtement se composait d'un chapeau de paille porté à la place d'un col. Charley, le bouvier de la bande, ayant pitié de ce malheureux, alla chercher une vieille couverture de coton qui, étant neuve, avait pu valoir 2 fr. 80, mais qu'on n'aurait pas vendue actuellement plus de cinq centimes. Il avait d'abord eu le projet d'en faire un don gracieux ; mais il changea d'avis et demanda en retour le chapeau de paille. Le troc eut lieu sur-le-champ.

Le 13 juin fut une journée qu'un chasseur tel que Baldwin devait marquer d'une pierre blanche, comme faisaient les anciens Romains pour leurs jours heureux. Il eut la chance de se procurer deux beaux échantillons des espèces les plus rares, une antilope rouanne et un oryx, plus une girafe grasse.

C'est à son cheval Férus que revient tout l'honneur de la chasse à l'oryx [1], qui a la vitesse et le fond d'une machine à vapeur. Il était dans une plaine immense et ne songeait plus à rejoindre la bande, lorsqu'il s'aperçut que les antilopes perdaient haleine ; son cheval, au contraire, était vigoureux et

---

[1]. *Oryx du Cap*, gemsbok des Hollandais, belle antilope, de la taille de l'âne, dont elle a presque la nuance ; une large raie noire, placée au-dessus du genou, remonte sur le bras, traverse le flanc et se termine sur la cuisse par une plaque angulaire, à la hauteur du jarret. Une tache noire se voit en outre sur les jambes, dont la partie inférieure est blanche. La poitrine, le ventre, une portion de la tête et les oreilles sont également de cette dernière couleur. La queue, épaisse et noire, balaye la terre ; la crinière est droite suivant Cumming, renversée d'après Smith et Harris (ce qui prouverait que l'une et l'autre se rencontrent), et un bouquet de poils noirs et flottants orne la gorge. Les cornes, d'un mètre de longueur, s'incurvent légèrement en arrière et s'effilent avec élégance ; elles portent de vingt-cinq à trente anneaux à la base, et sont tellement parallèles, que, vues de profil, elles se recouvrent entièrement, d'où certains auteurs ont supposé que l'oryx avait donné lieu à la fable de la licorne. L'oryx fait bon usage de ses armes défensives, et plus d'une fois on l'a trouvé mort à côté du lion qu'il avait transpercé, et dont il n'avait pu retirer ses dagues.

Chose étrange, la femelle est non seulement armée ainsi que le mâle, ce qui est rare, mais c'est elle qui a les cornes les plus longues.

frais. Il le ménagea pour le coup décisif; il chercha les plus belles cornes et choisit une femelle d'une beauté splendide qui, au moment où il lâcha la bride à Férus, était au moins à mille mètres. L'allure fut effrayante; Baldwin tira et faillit piquer une tête par-dessus son oryx qui tomba tout à coup sous les naseaux de son cheval.

A Tamashaki, le hasard lui fit rencontrer l'élan rayé qu'il voyait pour la première fois : il est marqué absolument comme le coudou; mais, à cela près, il ne diffère en rien de l'espèce commune. Après un temps de galop rapide à travers bois et par-dessus de vilaines broussailles, il tua ce bel échantillon d'une espèce nouvelle. C'est Livingstone qui l'a découverte aux environs de Séchéké, l'un des postes frontières de Sékélétou.

Le 29 juin, apparut une bande de cinq éléphants. Baldwin choisit le plus gros, le sépara de la bande et lui envoya deux balles à quarante pas de distance. L'animal se retourna et chargea le chasseur d'une manière terrifiante. Kébou, nouveau cheval, que Baldwin montait pour la première fois, secoua la tête avec tant de force que la rêne gauche passa du côté opposé; la gourmette se détacha, et le mors lui tourna dans la bouche.

L'éléphant n'était plus qu'à vingt mètres; il s'avançait, les oreilles dressées et sonnant de la trompe avec fureur. Baldwin, ne pouvant conduire son cheval qu'avec ses éperons, lui labourait les flancs. Au lieu de se détourner, Kébou s'élança vers le colosse, et Baldwin crut que sa dernière minute était arrivée. Il se rejeta aussi loin que possible, fut effleuré par la trompe et tira à bout portant.

« Nouveaux coups d'éperons, nouvel élan de mon cheval, qui s'arrêta devant trois bauhinias formant un triangle; je lui creusai la chair; il passa, me heurta l'épaule avec tant de violence contre l'un des arbres qu'il s'en fallut de bien peu que je ne fusse désarçonné, et que le bras droit, lancé derrière le dos, ne vînt me frapper le côté opposé. Je ne sais pas

CHASSE A L'ORYX OU GEMSBOK (P. 157.)

comment j'ai pu conserver mon fusil, un poids de plus de six kilos, n'ayant pour le tenir que le doigt du milieu, passé dans la garde de la détente. La bride m'était restée dans la main gauche, où elle se trouvait heureusement lorsque j'avais tiré.

» Nous allions ainsi, galopant à toute vitesse à travers une forêt emmêlée, dont le sous-bois, composé presque entière-

ÉPISODE D'UNE CHASSE A L'ÉLÉPHANT.

ment d'*attends-un-peu*, était franchi par Kébou, qui sautait comme une chèvre. L'éléphant nous suivait toujours de près; je finis par m'éloigner; il se retourna et s'enfuit d'un pas rapide.

» Aussitôt que je pus arrêter mon cheval, ce à quoi je ne parvins qu'après lui avoir fait décrire deux ou trois cercles, je mis pied à terre, rebridai Kébou et courus comme le vent à la poursuite de la bête, qui avait une longue avance et que je craignais de ne plus retrouver.

» Après avoir subi trois nouvelles charges, dont la dernière fut longue et silencieuse, d'autant moins plaisante que mon cheval, essoufflé, conservait à grand'peine la distance qui le séparait de l'éléphant, celui-ci, auquel j'avais envoyé dix balles, tomba enfin pour ne plus se relever. J'étais à bout de forces depuis longtemps et ne pouvais même plus amorcer mon fusil. »

Couvert d'épines et de meurtrissures, à demi mort de soif, il dessella Kébou, lui attacha son licol au genou et s'étendit sous un arbre. Il ignorait complètement où il pouvait être. En vain criait-il de toutes ses forces, et tirait-il des coups de fusil dans l'espoir de faire arriver les Saras : il ne vit personne.

Pour comble d'infortune, son cheval s'échappa ; il lui fallut suivre ses traces, faire près de 1 600 mètres avant de le retrouver, puis revenir sur ses pas, chose assez difficile.

Enfin apparut January, accompagné des Boschimans; il prit la tête de la bande et, trottant d'un pied leste qui lui fit dépasser tous les autres, il ramena son maître Baldwin au camp, où il arriva au coucher du soleil. Ce fut alors qu'il but pour la première fois depuis le matin.

« Chasser l'éléphant, dit-il, est la vie la plus dure qu'un homme puisse se créer. Deux jours de suite à cheval pour se rendre à un étang où l'on vous a dit que la bande est allée boire ; coucher dans la forêt, n'avoir rien à manger, s'abreuver le matin d'une eau vaseuse puisée dans une carapace de tortue, qui sert d'écuelle et qui est grasse. Remettre le pied à l'étrier, suivre la piste, par une chaleur dévorante, derrière des Boschimans à demi morts de faim, mal vêtus des haillons graisseux d'une peau de bête, chargés d'une panse de couagga renfermant le peu d'eau qui doit vous faire supporter la soif (tout ce qu'il y a de plus nauséabond), et souvent ne rien voir.

» S'estimer heureux lorsque, n'en pouvant plus, on trouve

un kraal, c'est-à-dire un camp de Boschimans : des hangars provisoires, à demi couverts de chaume, d'une ignoble saleté, quelques fagots d'épines dressés contre le vent, des tranches de venaison à demi putréfiées, séchant au soleil, des vases remplis d'eau, des lambeaux de pelleterie suspendus aux branches voisines. Votre fidèle jockey apporte deux ou trois brassées d'herbe, les étend dans un coin, il pose votre selle en guise d'oreiller, et là, couché tout près d'un feu de bois vert, dont la fumée vous passe au-dessus du corps et tient les moustiques à distance, vous courtisez le sommeil jusqu'à la venue du jour. Si, après une nouvelle course du même genre, vous apercevez la bête, et que la chasse soit heureuse, tout s'est passé dans les meilleures conditions possibles.

» Le calme funèbre qui pèse sur la forêt endormie me paraît accablant. Un ciel brillant d'innombrables étoiles qui scintillent, de sombres corps gisant dans toutes les attitudes, le bruit monotone que font près de vous les chevaux qui mangent, la voix du chacal, le hurlement de l'hyène, parfois le grondement sourd du lion, ou le passage d'une troupe d'éléphants; le bois qui s'écrase, la marche pesante des colosses, leur cri aigu, dont l'éclat vibre au loin : telles sont les nuits qu'on passe dans la forêt, et quand, depuis plusieurs mois, il y est seul, l'être le plus insouciant peut avoir, en de pareilles nuits, ses accès de défaillance.

» Je me suis beaucoup amusé hier des manœuvres que faisaient des oiseaux du tiquet pour avertir de notre approche un rhinocéros blanc : ils lui couraient dans les oreilles, lui voletaient devant les yeux, en ne cessant pas de crier; mais le rhinocéros ne voulait rien entendre, et ne crut au danger que lorsque le vent lui apporta nos émanations. Alors il dressa la tête, releva la queue, aspira l'air, se mit à renâcler, prit le trot et s'éloigna rapidement.

» J'ai passé la nuit au bord de l'eau et fait bonne chasse. Les buffles arrivaient en foule; j'étais dans une fosse située contre le vent, et j'ai bien tiré. Cinq bêtes magnifiques sont restées sur le terrain; une sixième est allée mourir à 1500 mètres, et beaucoup d'autres se sont rembuchées, qu'on aurait pu avoir aujourd'hui. Toutefois, comme il y en a suffisamment, je ne me suis pas donné la peine de courir après elles.

» Cela n'est pas une simple boucherie, ainsi qu'on pourrait le croire : la récolte a manqué par suite de la sécheresse, les Calacas meurent de faim, et je joins la charité au plaisir en leur procurant de la viande. Cela est si vrai, que rien n'est perdu, pas même un débris de peau.

» Gyp a été tuée par un léopard. J'avais pris les devants pour aller à la recherche de l'eau; elle a quitté les chariots pour venir me retrouver; c'était la nuit; Adonis a entendu la lutte et le dernier soupir de ma pauvre chienne, non pas un gémissement, mais un râle de colère. C'était la brave des braves; toujours au plus fort du péril. Que de fois elle aurait dû mourir, si elle n'avait été sauvée par bonheur ou par miracle, hasard ou providence, suivant le mot qui vous plaira! Excepté Juno, ma parfaite, j'aurais bien moins regretté les autres. »

Le 8 juillet, après mûre délibération, Baldwin se décida à se diriger au nord, en dépit de la soif, de la tsetsé et des buissons venimeux qui abondaient dans la forêt. Il connaissait les dangers auxquels il allait s'exposer; il sentait qu'il risquait ses chevaux, ses bœufs, ses chiens; mais il avait un tel désir d'atteindre le Zambèze et de voir la grande chute, qu'il ne se laissa arrêter par aucun des obstacles qu'il prévoyait.

Le 23 juillet, en courant à l'aventure, il tomba au milieu d'une peuplade qui se nomme les Tocas. Leur laideur est effrayante; ils l'accroissent en s'arrachant les quatre incisives de la mâchoire supérieure, et en se limant celles d'en bas de manière à laisser un vide entre elles. Le motif qui les porte à se défigurer ainsi est le désir qu'ils éprouvent de ressembler à un bœuf, celui des animaux qu'ils admirent le plus.

Tous les Africains aiment passionnément la race bovine; mais ici la vénération est, il semble, poussée trop loin.

En revanche, les Tocas ont horreur du couagga et du zèbre. Ils disaient à propos d'un des hommes dont Baldwin était accompagné, qu'il était bien dommage qu'on ne lui eût pas arraché ces vilaines dents de devant qui le faisaient ressembler à un zèbre; sans elles, il aurait été fort beau garçon. Or les Cafres ont des dents magnifiques, bien rangées, très égales, d'un blanc de neige, et qui font admirablement valoir le reste du visage.

« 29 *juillet*. — J'ai donné rendez-vous aux Tocas pour le surlendemain, et j'ai repris la route de mon camp, assez inquiet de savoir si je ne me perdrais pas dans ce pays rocailleux et raviné, où, sans guide, j'avais à faire une trentaine de kilomètres, car pas un des Tocas n'avait consenti à m'accompagner. Néanmoins, j'arrivai sans encombre, et repartis au point du jour, accompagné de January, qui portait ma couverture, avec un supplément de munitions. La première partie de la route se fit à merveille : je reconnaissais les points que j'avais remarqués et nous allions d'un pas rapide.

» Tout à coup, vers la moitié du chemin, de nouveaux objets m'apparurent : je ne tardai pas à m'apercevoir que je m'égarais. Cependant, avec de la persévérance, je retrouvai la bonne voie : nous la suivîmes pendant plusieurs kilomètres à travers un bois touffu, rempli de tsetsés, où la couche de sable était épaisse; nous finîmes par arriver au camp des Tocas et nous le trouvâmes vide.

» Malgré notre fatigue, nous allions essayer de suivre les traces des fugitifs; mais ils avaient mis le feu à l'herbe en cent endroits, et tout espoir de les rejoindre nous abandonna bientôt.

» Rien de plus triste ni de plus misérable que ce lieu désolé. Nous reprîmes la route par laquelle nous étions venus le matin : à la nuit close, nous fîmes du feu, près duquel nous nous couchâmes; et hier au soir nous rentrions au camp, très fiers d'avoir su retrouver notre chemin.

« 31 juillet. — Me voilà tout seul : Boccas est parti hier pour la région de la tsetsé, où mon autre conducteur est depuis longtemps. Je me mets en route aujourd'hui pour les rives de la Tchobé, qui est à deux jours et demi d'ici. La lune étant dans son plein, j'essayerai de franchir pendant la nuit les lieux qu'habite la tsetsé; dans tous les cas, je ne hasarde qu'une couple de chevaux.

» Hier, après être sorti toute la journée sans rien voir, j'ai aperçu, au coucher du soleil, une girafe mâle qui débouchait à 800 mètres du camp. Je sellai immédiatement Batwin. Cette chasse fut un casse-cou perpétuel, au milieu d'un chaos de blocs erratiques où m'entraînait la bête. Je parcourus ainsi quatre à cinq kilomètres au clair de lune, pressant mon cheval le plus possible; mais il ne galopait qu'en tremblant. À la fin, la girafe elle-même fut obligée de ralentir ses énormes enjambées, tant les quartiers de roche devenaient difficiles à franchir. Me trouvant au contraire dans un endroit plus praticable, je lançai Batwin à côté de la bête avant qu'elle eût repris sa vitesse, et la tuai raide, à ma vive satisfaction. J'avais la plus grande envie de m'en aller, et ne pouvais pas m'éloigner du camp sans y laisser de la viande. »

Parti résolument le 1ᵉʳ août, bien décidé, cette fois, à gagner le Zambèze, Baldwin marcha toute la journée, puis toute la nuit suivante. Vers le matin, il entendit le mugissement des cataractes et s'avança dans cette direction sans prendre un instant de repos. Juste au lever du soleil, à 300 mètres de distance, il aperçut le fleuve.

Voici la description qu'il donne des fameuses chutes Victoria, description que l'on peut comparer à celle qu'en a faite David Livingstone[1] :

---

1. Voir notre *Abrégé des explorations du docteur Livingstone*, pages 10 et 12.

« J'arrive, écrit-il à la date du 11 août, des cataractes du Zambèze; je les ai vues, examinées de tous les côtés, contemplées pendant trois jours; rien ne saurait exprimer leur grandeur. Charles Livingstone, qui a longtemps habité l'Amérique, affirme qu'elles sont bien supérieures de tout point à celles du Niagara. J'en étais à plus de dix milles, que je les entendais rugir; bientôt j'ai aperçu les immenses colonnes de vapeur dont la masse blanche est couronnée d'arcs-en-ciel.

» Où je me suis arrêté, le Zambèze n'a pas moins de 1600 mètres de large; des îles nombreuses l'émaillent de verdure. La plus grande est boisée jusqu'à la rive : un bouquet de baobabs (des tiges de près de 25 mètres de circonférence), d'où s'élèvent des palmyras et des dattiers sauvages.

» Mais revenons aux cataractes. Le fleuve se verse tout entier dans une crevasse énorme, tellement profonde que j'ai compté jusqu'à dix-huit avant qu'une pierre d'au moins neuf kilos eût fini de descendre; encore ne l'ai-je pas vue au fond de l'eau, mais seulement quand elle en a gagné la surface. J'étais vis-à-vis des cataractes, à peu près au niveau de la rampe d'où elles se précipitent, et j'aurais pu jeter un caillou de l'autre côté de l'abîme. Cette gorge, au fond de laquelle bouillonnent les eaux tumultueuses, ne peut pas avoir en largeur plus de 90 mètres.

» A l'endroit où les cataractes sont le plus volumineuses, l'œil ne peut pas les suivre au delà de quelques mètres de profondeur, à cause du rejaillissement de l'eau qui poudroie, se vaporise et retombe en pluie fine à 100 mètres à la ronde.

» C'est une chute perpendiculaire de plusieurs centaines de mètres, effectuée par 30 ou 40 nappes de différentes largeurs, qui s'engouffrent dans une crevasse d'au moins 2000 mètres, et dont l'issue n'en a pas plus de 40. Les courants se rejoignent, tourbillonnent, s'entrechoquent et se ruent avec furie au travers de la passe.

» Vue d'en haut, à l'endroit de cette formidable rencontre, la gorge présente le plus magnifique tableau. Des torrents de flammes sulfureuses[1] s'élèvent de l'abîme jusqu'aux nuages. Une pluie incessante arrose la hauteur qui domine l'autre bord; les rochers y sont glissants; la terre, détrempée, y est revêtue d'une herbe toujours verte où viennent paître l'hippopotame, le buffle et l'éléphant.

» J'ai suivi le défilé où bondit le Zambèze en aval des chutes : une succession de ravins, de montagnes, d'éboulis de rochers, tout ce qu'il y a de plus affreux pour la marche. Au fond de cette effroyable gorge, le fleuve ne paraît pas plus large qu'un torrent gonflé des montagnes; qu'on juge de sa profondeur! Il n'y a bien qu'une issue, et il est merveilleux qu'un pareil volume d'eau puisse s'écouler par un si petit espace.

» J'ai canoté sur le fleuve pendant trois jours, dans toutes les directions; j'y passerais la moitié de ma vie. Un arbre de l'île qui touche aux cataractes porte les initiales du docteur Livingstone; j'ai eu l'honneur de graver mon chiffre immédiatement après le sien, étant, si j'en excepte les compagnons du célèbre missionnaire, le second Européen qui ait vu ces chutes, et le premier qui s'y soit rendu de la côte orientale. »

Avant de rentrer à son campement, Baldwin passa une soirée avec David Livingstone, qui se rendait alors à Séchéké.

Le 18 août, dans la soirée, il tomba sur une troupe d'éléphants et se mit aussitôt en chasse. Tirant de fougue et de très près, il tua cinq bêtes avant que la nuit fût close. Le porteur des plus longues défenses lui échappa cependant; il reçut la balle à l'endroit voulu et ne dut pas aller loin; mais il mourut sans bénéfice pour le chasseur.

---

1. « Les torrents de flammes sulfureuses » ne sont ici qu'une expression métaphorique. Livingstone écrit : « Les rayons du soir, émanant d'un ciel tout ruisselant d'or, communiquent aux panaches vaporeux une teinte sulfureuse qui fait ressembler ce gouffre béant à la gueule de l'enfer. »

Pendant ce temps, ses hommes faisaient bonne chasse au pays de la tsetsé. Ils avaient tué dix ou onze éléphants, dont plusieurs de ces vieux mâles qui contribuent rapidement à la charge d'un chariot.

Le 30 septembre, Malakanyama, chef d'une tribu de Calacas, vint le prier de tuer quelques bêtes pour lui et ses sujets. Ils fuient la colère de Mosilikatsi et meurent de faim. Les Tébélés, disent-ils, ayant mis à mort un grand nombre des leurs, ils ont fini par déclarer la guerre (chose dont on n'a pas entendu parler); ils ont tué à l'ennemi deux de ses principaux capitaines, et s'attendent chaque jour à voir Mosilikatsi envoyer à leur poursuite un corps d'armée considérable.

Boccas leur donna vingt-trois pièces de gibier, dont trois harrisbucks d'une seule balle, fait extraordinaire, au clair de lune; Baldwin leur en donna dix-sept, parmi lesquelles deux éléphants; cette nuit leur valut quatre rhinocéros et quatre buffles : tout disparut, il n'en resta plus vestige. Ces pauvres gens se rassasièrent et s'éloignèrent avec une bonne provision de beultong. Malakanyama se montra fort reconnaissant : il le prouva en laissant au chasseur quatre défenses, qui payaient bien la poudre et le plomb.

Baldwin resta pendant sept jours loin des chariots, n'ayant autre chose à manger que de la viande. Ce n'est pas qu'il se fût égaré; c'est, au contraire, le chariot qui s'était trompé de route.

« Adonis, dit Baldwin, a tué ces jours-ci quatre éléphants énormes; il court avec la rapidité de l'autruche, est d'une résistance incroyable à la fatigue, et l'un des premiers tireurs de toute l'Afrique. Avec ces dons naturels, s'il avait seulement un peu de cœur, il ferait fortune en peu d'années; mais il n'a pas la moindre énergie morale. Pour rien au monde il ne passerait la nuit au bord de l'eau, même avec d'autres; un lion qui rugit dans l'ombre suffit pour le faire se sauver à toutes jambes. Néanmoins, c'est le premier de tous mes chasseurs : il a tué cette année deux éléphants de plus que moi, et il est à pied, moi je suis à cheval. Il est vrai que c'est par bandes nombreuses qu'il les voit journellement, tandis qu'il est rare que j'en rencontre, la tsetsé m'empêchant de les poursuivre dans leur fort. »

Le même soir, Baldwin abattit un lion superbe, mais n'ayant pas de savon arsenical, il n'en put conserver la peau et n'emporta, comme trophées de sa victoire, que le crâne et les griffes. Baldwin était seul à veiller auprès de l'eau, quand vint le lion qu'il tua raide à quatorze mètres. Trois buffles, un rhinocéros blanc, un couagga et un éléphant complétèrent sa chasse, la meilleure de toutes celles qu'il eût encore faites la nuit.

Le 11 octobre, il était à Nanta, dans la région des Grandes Salines, attendant un de ses chariots qui se trouvait en retard. La chaleur était tellement intense qu'en s'approchant, en rampant, d'un vol de canards, il lui était difficile de poser les mains sur le sable, tant il le brûlait; or il faut dire qu'à cette époque l'intérieur de ses mains ressemblait beaucoup plus à de la corne qu'à de la peau.

Ses journées se passaient dans une monotonie désespérante. « Je n'ai absolument aucune occupation, écrit-il, à la date du 16 octobre; j'ai très peu de chose à manger, et ce peu est loin d'être appétissant. Vu la région où je suis confiné, j'ai bu assez d'eau salée pour partager le sort de la femme de Loth.

» Pour tâcher de rompre cette monotonie désolante, j'ai demandé à trois Calacas de me faire voir des éléphants; ils y ont consenti moyennant trois springbucks. Je donnai les trois bêtes, coulai des balles, et nous voilà partis. Nous voyons des traces et, quand nous avons fait 16 kilomètres, les Calacas s'arrêtent, me disent que c'est une vieille piste, que je ferai bien de m'en retourner, qu'ils vont regagner leur kraal, et, se débarrassant de ma couverture, ils continuent leur route.

» Je les suivis de loin. Puis, tout à coup, fondant sur l'un d'eux, je lui arrachai son kerry, ses sagaies et lui en brisai une sur la tête, sautai sur Férus, un cheval ardent, qui a la bouche dure, courus droit au second de mes filous qui roula d'un côté, ses armes, sa calebasse, son sel de l'autre, et lançai au troisième la hampe brisée que je tenais à la main. Celui-ci détala aussi vite que l'autruche; mais ses camarades se mirent à genoux en demandant grâce. Je leur donnai le conseil de ne plus essayer à l'avenir de mystifier un Anglais, et m'éloignai sur ces paroles.

» N'oublions pas de noter quelques chasses au lapin, qui, plus que toute autre chose, m'ont rappelé l'Angleterre. Les lapins sont les mêmes sur toute la surface du globe et la chasse en est partout fort amusante. Ceux que je tue ici ne diffèrent en rien de l'espèce anglaise, si ce n'est qu'ils ne font pas de terrier. Je les ai toujours vus gîter à découvert. Il m'a d'abord été difficile de les atteindre; j'ai fait chou blanc les deux premières fois; je leur donnais trop d'avance; mais, la troisième, j'en ai tué dix.

» Quelque mornes et solitaires qu'elles soient, je viens à bout des journées; mais les nuits sont affreuses. Le vent décline en même temps que le soleil; il cesse avec le jour. On ne respire plus et l'atmosphère est envahie par des nuées de moustiques. On a de la peine à supporter la moindre guenille, et je suis là, couché sur le dos, frappant à droite, à gauche, en avant, en arrière, partout, les écrasant à poignées sans diminuer le bourdonnement et les piqûres, implorant le ciel pour que le vent se lève, n'aspirant qu'à être au matin, et sortant du chariot pour regarder les étoiles et savoir si la nuit ne va pas finir. Alors même que je me résigne à étouffer, je ne suis à l'abri de cette engeance, dont le suçoir traverse l'étoffe, qu'en soulevant la couverture avec les genoux et les coudes. Les nuits calmes sont ce que je redoute le plus au monde : il y a des instants où je donnerais tout ce que je possède pour un coup de vent qui me débarrasserait des moustiques.

CHASSE DE NUIT (P. 160).

» Vers deux heures de l'après-midi, j'ai déjeuné d'un tubercule appelé *talo*, qui ressemble à une énorme pomme de terre, mais qui est mou, juteux et d'une saveur douce. Je l'ai mangé cru et l'ai arrosé d'une eau excessivement fraîche, tirée d'une panse de couagga[1]. Une chose odieuse que de boire à même un pareil ustensile! Cela demande beaucoup d'adresse; mais, de tous les vases où l'on puisse emporter de l'eau, c'est bien le meilleur : l'évaporation s'établit et, quelle que soit l'ardeur du soleil, votre eau est d'une bonté et d'une fraîcheur remarquables; dans nos bouteilles ou dans nos jarres, elle serait comme de la lessive. »

Le 4 novembre, un chef Boschiman vint prier Baldwin de tuer un lion qui le gênait et qu'il faisait surveiller par une partie de ses gens. Baldwin travaillait au soleil, depuis le matin, pour fabriquer un timon à son chariot. Il n'en pouvait plus, était boiteux, avait les mains tremblantes et ne se sentait pas disposé à essayer un coup d'adresse. Il fit toutefois seller Férus, qui lui-même n'était pas des plus frais, ayant, dans la matinée, couru à fond de train derrière un élan. Cette fois encore, Baldwin faillit être victime de sa passion dominante. Laissons-le raconter ce dramatique épisode :

« J'aperçus bientôt vingt-cinq indigènes qui, chargés de leurs sagaies et de leurs boucliers, étaient accroupis dans la plaine. Au même instant mon regard tomba sur un crâne humain dont la vue me frappa comme un sinistre présage : il me vint à l'esprit que le mien pouvait être destiné à blanchir au même lieu. Toutefois, je ne permis pas à cette pensée d'ébranler mes nerfs, et je continuai ma route. Le lion avait décampé; les Saras prirent ses traces et le firent débucher à 3 kilomètres environ du point de départ. Je ne le vis pas

---

[1]. Ces tubercules, difficiles à découvrir, sont célébrés par tous les voyageurs africains, depuis Levaillant jusqu'à Baines. Il y en a de plusieurs espèces. Quant à l'usage de conserver de l'eau dans une panse de couagga, on voit ici qu'il a son utilité.

d'abord ; mais, ayant pris la direction que m'indiquaient les dépisteurs, je ne tardai pas à le découvrir.

» Il se laissa poursuivre pendant un millier de mètres, car il était loin de moi ; puis il s'arrêta dans un épais hallier. Je mis pied à terre lorsqu'il n'y eut plus entre nous qu'une soixantaine de pas, et tirai sur lui ; je n'apercevais que la ligne supérieure de son corps ; et il tomba si instantanément que je pensai l'avoir tué raide. Je remontai à cheval, rechargeai, décrivis un demi-cercle, et me levai sur les étriers pour voir ce qu'il était devenu. Je l'avais manqué : ses yeux brillaient d'un tel éclat, il était couché si naturellement, n'ayant de dressé que les oreilles, d'un noir sombre vers la pointe, que cela ne faisait pas le moindre doute.

» Je me trouvais à quatre-vingts pas de lui ; une immense fourmilière était devant moi, à 15 mètres ; je pesai les chances que pouvait me donner ce monticule, et je venais d'ébranler mon cheval pour m'en rapprocher, lorsque le lion, rugissant avec fureur et venant à bondir, fit pirouetter Férus, qui s'enfuit ventre à terre.

» Mon cheval était rapide ; il avait forcé l'oryx ; mais l'allure du lion était effrayante.

» Penché en avant, les éperons dans les flancs du cheval, qui volait sur un terrain ferme, uni, excellent pour la course, je jetai les yeux derrière moi. Le lion avançait ; deux bonds pour un des miens ; je n'ai rien vu de pareil et ne désire pas le revoir. Me retourner sur la selle et tirer me vint à l'esprit ; trois enjambées nous séparaient. Au lieu d'appuyer sur la détente, j'imprimai une vive secousse à la rêne gauche en même temps que j'enfonçais l'éperon du côté droit. Férus fit un violent écart, et le lion passa, me heurtant de l'épaule avec tant de force que je fus obligé de saisir l'étrivière pour me retrouver en selle.

» Immédiatement le lion ralentit sa course. Dès que je pus arrêter Férus, chose malaisée dans son état d'excitation, je sautai à bas, et fis un coup digne d'éloges ; il ne m'appartient pas de le dire, mais cependant c'était beau, si l'on considère l'épreuve à laquelle je venais d'être soumis : je brisai la patte gauche du lion à cent cinquante pas, juste à la lisière du fourré.

» Craignant de le perdre, puisque les Saras fuyaient le bouclier sur la tête et que, pour rien au monde, ils n'auraient voulu reprendre la piste, je ressautai à cheval et partis d'une allure folle. Le lion bondissait rapidement sur trois pattes ; je le gagnai néanmoins et quittai la selle à quarante pas derrière lui. Mon coup, l'ayant frappé à la naissance de la queue, lui brisa l'épine dorsale. Le lion se traîna sous un buisson, rugit d'une manière effrayante, et je lui mis encore deux balles dans la poitrine avant de le réduire au silence.

» Il était vieux, gras et féroce ; ses énormes griffes jaunes étaient émoussées et réduites à quatre aux deux pattes de devant. »

Le 8 novembre, la caravane avait fait une centaine de kilomètres de plus sur le chemin du retour. A partir de Métibélé, où elle arriva le 11, elle dut accomplir un voyage de quatre jours, sans eau, à travers un sable profond, avec un chariot pesant, dont l'essieu de derrière était fendu, et au commencement de la saison des fièvres.

Le 17, on arriva enfin au bord de la Mésa, où hommes et bêtes purent se désaltérer.

A la fin de la nuit, Baldwin fut réveillé par la voix des lions. Il courut immédiatement aux chevaux et aux bœufs et n'aperçut ni les uns ni les autres. January, qui avait pourtant vu cinq lions dans la soirée, n'avait attaché ni les uns ni les autres ; le cadavre du pauvre Férus gisait à six cents mètres du chariot et à soixante des restes de Kébou. Ce dernier avait été dévoré presque entièrement ; l'autre était encore intact. Ils avaient coûté à leur maître 2250 francs, et il en aurait retiré au moins 3000, s'il avait voulu les vendre.

CHASSÉ PAR UN LION (P. 173).

Ses hommes ne revinrent que le soir; ils avaient fini par retrouver tous les bœufs, sauf deux tués par les lions.

La nuit suivante, January partit furtivement et abandonna Baldwin.

Le 18 novembre, notre chasseur était campé sous l'arbre où, trois ans auparavant, il se trouvait en revenant de chez Mosilikatsi avec Swartz. Quelle vie errante il avait menée depuis cette époque! et sans beaucoup de profit. Il est vrai qu'il avait fourni de la viande à la race ingrate et affamée qui habite le Kalahari. Il avait parcouru de 20 à 25 000 kilomètres, traversé la république d'Orange et du Transvaal, vu deux fois le lac Ngami, était rentré deux fois au Natal et revenait du pays des Kololos et des bords du Zambèze. Il éprouvait un vif besoin de se reposer.

Et cependant il n'était pas au terme de ses misères.

Le 24 novembre, se trouvant sur une pente avec des bœufs exténués et fort difficiles à diriger, la tente de son chariot fut emportée en masse. Télescope, fusils, bouteilles d'huile, plumes d'autruche, une foule d'objets qui s'y trouvaient fixés, partirent du même coup, et les deux voiles dont cette tente se composait furent déchirées du haut en bas.

« Le 25 novembre, dit Baldwin, comme je couchais à la belle étoile, nous avons eu le plus grand orage qui ait eu lieu depuis dix mois : il a plu à torrents, cela va sans dire.

» En traversant une grande plaine au clair de lune, j'ai découvert un nid d'autruche; il s'y trouvait quinze œufs que j'ai pris bien vite. Le lendemain vers midi, nous arrivions à Letloché, où j'ai passé deux grands jours à réparer nos dégâts; j'espère arriver demain matin chez Sicomo.

» Je viens, à ma très grande surprise, de rencontrer Waddington et Aldersley, deux compatriotes. Ils sont partis du Cap cette année, au mois de février, sur un navire qu'ils avaient frété, et qui les a conduits à Angra Péquina, sur la côte occidentale. De là ils se sont rendus au lac Ngami, en traversant les terres des Grands Namaquois et des Damaras, et reviennent maintenant à leur point de départ : c'est une belle tournée.

» Nous avons passé toute la nuit à nous raconter nos aventures, bien que, jusque-là, nous n'eussions jamais entendu parler les uns des autres. Quand on a eu la langue liée pendant des mois et des mois de séjour au désert, c'est tout ce qu'il y a de plus délicieux, de plus réconfortant, qu'une bonne causerie de cette espèce.

» J'ai eu la bonne fortune d'échanger, la semaine dernière, ma seule couverture pour un peu de sorgho. Une jeune fille me l'a concassé, et depuis lors je me suis donné le luxe d'avoir à chaque repas une bouillie à l'eau et au sel; ma farine est grosse à peu près comme du gravier, mais très saine, et, les premiers jours, mon potage a été pour moi un véritable régal : la viande, sous toutes les formes, était depuis si longtemps ma seule nourriture! Je commence à m'avouer qu'un peu de lait, de sucre ou de mélasse pourrait ajouter à l'excellence de ma bouillie. »

Sa dernière chasse en Afrique eut lieu le 29 novembre, à Massouey, où il se trouvait pour la septième fois.

De cette chasse il ne tire pas vanité; loin de là.

« Je viens, dit-il, de tuer cinq canards (toute la compagnie) de la manière la plus ignoble. C'était, par le temps qui court, une trop bonne aubaine pour leur laisser la moindre chance de salut. Je me suis approché en me traînant dans l'herbe, à plat ventre, comme un serpent, et les ai foudroyés sur l'eau, quand, avec mes deux coups, je pouvais les tuer loyalement au vol. Je les contemple néanmoins avec satisfaction; car j'ai odieusement vécu depuis la mort de mes chevaux. Ce qui m'avait surtout exaspéré, c'est qu'hier nous avons croisé une troupe de girafes et que j'ai vainement essayé d'en approcher à la rampée, tandis que, si mon pauvre Férus eût encore vécu, la meilleure de la bande aurait mordu la poussière. »

Le 2 décembre, Baldwin était à Lopépé, et le 4 à Copong, le village de Séchéli, dont les Bakouins mouraient de faim.

Quelques jours après il atteignait le Mérico, où il reprenait les bœufs qu'il y avait laissés aux soins d'un missionnaire, M. Zimmermann; puis il se dirigea vers Durban, où il arriva dans les premiers jours de janvier 1861.

Ses Calacas étaient devenus, en peu de temps, des serviteurs actifs, intelligents, adroits, fidèles, cousant à merveille avec leurs grandes aiguilles et soignant parfaitement les chevaux et les bœufs. Ils s'étaient attachés à leur maître; ce fut avec un chagrin profondément senti et naïvement exprimé que, lors de son départ définitif du Natal, ils le quittèrent pour reprendre le chemin de leur village, situé dans les monts Kachan, à plus de onze cents kilomètres de la côte.

Six semaines après l'arrivée de Baldwin à Durban, le chariot qui lui manquait et qu'il n'espérait plus revoir, arriva avec un lourd chargement d'ivoire. Pour placer les dents d'éléphant, Boccas, le conducteur, avait retiré de la voiture tout ce qui lui avait semblé de moindre valeur. C'est ainsi que notre héros perdit presque tous ses trophées de chasse, dont quelques-uns étaient les plus beaux échantillons qu'il eût jamais vus. Boccas les avait suspendus à des arbres tout le long du chemin.

Quelques mois après, Baldwin s'embarquait pour l'Angleterre avec une petite fortune légitimement gagnée, grâce à son intrépidité et à sa persévérance.

APPENDICE

LA GIRAFE.

Il n'existe peut-être pas au monde de quadrupède présentant des formes plus gracieuses, un plus magnifique pelage, une apparence plus majestueuse et plus imposante que le *cameleopardus*, généralement connu aujourd'hui sous le nom de girafe que lui ont donné les Français.

On n'en compte qu'une seule espèce. L'élégance et la hauteur de sa taille, l'agréable variété et la disposition des couleurs de sa robe, la douceur de son caractère ont excité, lors de sa réapparition en Europe, à une époque relativement récente, un intérêt immense.

Quoiqu'elle fût parfaitement connue des anciens Romains et qu'elle jouât un rôle assez considérable dans les fêtes somptueuses du peuple-roi, la girafe disparut d'Europe, après l'écroulement de l'empire romain[1], et resta, pendant des siècles, complètement étrangère au monde civilisé.

Ce ne fut que vers la fin du XVᵉ siècle que l'on entendit, en

---

[1] L'écroulement de l'empire romain date de la fin du Vᵉ siècle de notre ère. A la mort de Théodose (395), l'empire fut partagé entre ses deux fils : Honorius eut l'Occident, avec Rome pour capitale, et Arcadius l'Orient, avec Byzance (Constantinople). L'empire d'Occident s'effondra lors de l'occupation de Rome par Odoacre, roi des Hérules, en 476; l'empire d'Orient tomba avec Constantinople, prise par Mahomet II en 1453.

Europe, parler de nouveau de la girafe, Laurent de Médicis en ayant fait venir une à Florence.

Au premier coup d'œil, les jambes de devant de la girafe semblent presque deux fois aussi longues que celles de derrière ; mais il n'en est réellement pas ainsi. Cette différence apparente provient de la hauteur des épaules comparée à celle des hanches. La tête est petite proportionnellement au reste du corps ; elle est supportée par un cou de 2 mètres de longueur s'effilant gracieusement aux environs du crâne. La hauteur de l'animal, calculée du sommet de la tête aux sabots des pieds de devant, se partage également entre le cou, les épaules et les jambes. Mesurée du sommet des hanches aux sabots des pieds de derrière, elle dépasse rarement 2 mètres à $2^m,10$.

La tête est munie d'une paire d'excroissances improprement nommées cornes ; elles n'ont, en effet, rien de commun avec celles des autres animaux. D'une substance poreuse, elles sont recouvertes de poils gros et courts. Certains naturalistes se sont demandé à quoi pouvaient servir ces protubérances osseuses, qu'ils considéraient comme parfaitement inutiles à l'attaque comme à la défense.

Mais les cornes de la girafe sont loin d'être inoffensives. On a vu, dans les ménageries, les mâles s'en servir les uns contre les autres avec une vigueur singulière ; c'est même leur arme naturelle la plus à craindre, parce qu'on n'a pas le temps de prévoir le coup que l'animal va porter. La girafe, en effet, ne frappe pas, comme le cerf, le bœuf ou le bélier, en abaissant et en relevant la tête ; elle frappe en dirigeant, par un mouvement latéral du cou, l'extrémité obtuse et calleuse de ses cornes contre l'objet qu'elle veut atteindre. On a vu une girafe femelle percer ainsi, en jouant, une planche de sapin qui avait deux centimètres et demi d'épaisseur.

L'œil est admirable. Plus doux, plus expressif encore que

celui de la gazelle, il est enchâssé de manière que l'animal puisse voir dans toutes les directions sans tourner la tête.

La girafe possède des sens très subtils; comme, de plus, elle est d'une timidité excessive, on ne peut l'approcher qu'avec un cheval rapide.

Elle se nourrit des feuilles et des fleurs d'un arbre en forme de parasol, une espèce de mimosa, nommée *mokaala* par les indigènes d'Afrique et *kameel-dorn* (épine à chameau) par les colons hollandais du Cap.

Sa langue est longue, flexible, admirablement disposée pour la préhension; elle s'en sert, comme l'éléphant de sa trompe, pour arracher les branches qui croissent hors de l'atteinte de ses lèvres.

La peau de la girafe a une épaisseur qui atteint souvent 3 centimètres; elle est si résistante que vingt ou trente balles sont quelquefois nécessaires pour mettre l'animal à bas. Toutes ces balles, la girafe les reçoit en silence, car elle est muette.

Contrairement aux autres animaux, son poil brunit avec l'âge. La robe de la femelle est un peu plus claire que celle du mâle; sa taille est aussi bien moins élevée.

La girafe ne se défend qu'avec ses pieds de derrière, dont elle se sert avec beaucoup plus d'efficacité que tout autre quadrupède, sans en excepter le cheval. La proéminence de ses yeux lui permettant de voir par derrière, quand elle veut frapper un ennemi, elle le fait, pour ainsi dire, à coup sûr. Ses ruades sont assez violentes pour briser le crâne ou enfoncer les côtes.

Si on ne l'inquiète pas, c'est le plus inoffensif des animaux.

Une bête si étrangement charpentée, douée d'autant de vitesse et de vigueur, est certainement créée pour un autre usage que pour brouter les feuilles des mimosas; mais cet usage, l'homme ne l'a pas encore découvert.

L'HIPPOPOTAME.

Les anciens naturalistes, Hérodote, Aristote, Diodore et Pline [1], ont donné des descriptions plus ou moins correctes de l'hippopotame ou cheval de rivière, la vache marine (*zeekoe*) des Hollandais de l'Afrique australe.

Si grand était l'intérêt, tout de curiosité, qu'inspirait cet animal, dont les Européens avaient beaucoup entendu parler sans l'avoir jamais vu, que lors de la grande exposition de Londres, en 1851, la Société zoologique réalisa 10 000 livres sterling (250 000 francs) avec l'individu exposé dans les jardins de Regent's Park.

Les hippopotames provenant de l'Afrique septentrionale n'étaient pas rares dans les spectacles donnés aux Romains. Ensuite, et pendant quelques centaines d'années, comme pour la girafe, le souvenir s'en perdit en Europe. Suivant divers auteurs, ils disparurent complètement du Nil. Plusieurs siècles après avoir figuré dans les cirques de Rome et de Constantinople, on prétendit qu'ils ne pouvaient plus être transportés vivants en pays étranger; mais l'expérience a démontré que cette assertion était erronée et prouvé que cet animal peut vivre sous nos climats.

Selon Michel Boyne, on trouve l'hippopotame dans les fleuves de la Chine; Marsden le place à Sumatra et d'autres assurent qu'il existe aux Indes. Mais aucun fait bien authentique ne confirme ces énoncés; au contraire, on a toute raison de croire qu'il est exclusivement originaire d'Afrique.

M. Desmoulins en décrit deux espèces : l'hippopotame du Cap et l'hippopotame du Sénégal.

Quant au nom qui lui a été donné par les naturalistes, on

---

1. Hérodote (484-406 avant J.-C.). — Aristote (384-322 avant J.-C.). — Diodore (1er siècle avant J.-C.). — Pline l'Ancien (23 avant J.-C., 79 de notre ère).

se l'explique difficilement, car il n'existe pas d'animal qui ressemble moins à un cheval.

Dans l'eau l'hippopotame tient ses yeux, ses narines et ses oreilles au niveau de la surface, de sorte qu'il voit, respire et entend sans courir grand risque d'être atteint par une balle. Il est souvent féroce dans son élément où il peut se mouvoir à l'aise; à terre il n'en est pas de même, et comme il a le sentiment de sa maladresse, il y est d'une timidité qui frise la poltronnerie.

On suppose que ces massives créatures servent à déraciner et à détruire les grands végétaux aquatiques, qui autrement, et par suite de leur multiplication, pourraient obstruer le courant des fleuves et rivières et empêcher le drainage des régions qu'ils arrosent.

Les indigènes tirent un excellent parti du cuir de l'hippopotame. Assez flexible quand il est frais, ce cuir devient tellement dur en séchant que les Africains en fabriquent des boucliers et des lances.

Beaucoup de colons du Cap sont très friands de ce qu'ils nomment *zeekoe speck*; ce n'est autre chose que de la chair d'hippopotame salée et conservée.

Aux yeux de l'homme, la valeur de l'hippopotame réside surtout dans ses dents : ses grandes canines fournissant le plus bel ivoire et le plus apprécié des dentistes. Il conserve sa couleur et dure plus longtemps qu'aucun autre ivoire employé à la fabrication des pièces artificielles.

On rencontre quelquefois des dents d'hippopotame de quarante centimètres de longueur et du poids de près de six kilogrammes. Des voyageurs ont même assuré en avoir vu qui mesuraient soixante-cinq centimètres de longueur; mais aucun échantillon de cette dimension n'a été jusqu'à ce jour exposé dans les musées publics de l'Europe.

La peau de l'hippopotame adulte est plus épaisse que celle du rhinocéros; il n'existe pas d'ailleurs entre les deux d'autre différence. Cette épaisseur, qui protège l'animal contre les flèches et les javelines empoisonnées des indigènes, empêche seule l'extinction de la race dans les rivières africaines, puisque, différent en cela de la plupart des animaux, l'hippopotame se laisse facilement approcher à une portée de flèche.

Les indigènes ne parviennent à le tuer qu'avec beaucoup de peine et en usant d'une extrême adresse. Le plan généralement adopté par eux consiste à creuser des fosses dans les endroits où l'on sait que passe l'hippopotame pour se rendre de la rivière à son pâturage.

Ces fosses doivent être faites dans la saison des pluies, alors que le sol est mou; car, pendant la sécheresse, la terre devient assez dure pour résister aux instruments primitifs dont se servent les indigènes en guise de bêche.

L'ouverture de la fosse est dissimulée avec le plus grand soin; et comme des mois peuvent se passer avant qu'un hippopotame tombe dans le piège, on peut s'imaginer quelle somme de patience et de persévérance est nécessaire pour opérer la capture de l'un de ces amphibies.

Les indigènes emploient, pour le tuer, un autre procédé. Ils suspendent des pieux très lourds et très pointus à une corde tendue à neuf ou douze mètres de hauteur, en travers des sentiers fréquentés par les hippopotames. Cette corde communique avec une détente que fait partir le moindre choc. Le pieu tombe et la pointe aiguë s'enfonce dans le dos de l'animal.

L'usage des armes à feu étant devenu général parmi les indigènes d'Afrique, et la recherche de l'ivoire d'hippopotame étant très rémunératrice, il est permis de supposer que cet animal, très commun aujourd'hui dans les cours d'eau de l'Afrique centrale, en deviendra bientôt l'un des plus rares.

LE LION.

Comme le tigre, le lion appartient à la famille des chats; scientifiquement il est désigné sous le nom *felis leo* (chat lion). Son apparence majestueuse qu'il doit à sa haute taille, à la largeur de sa face, à ses yeux ardents, à l'épaisse crinière qui couvre son cou et ses épaules, lui ont valu le surnom de roi des animaux.

Sa taille égale presque celle de l'âne; il a le corps long, les pattes courtes et grosses, garnies d'ongles aigus, recourbés et rétractiles, c'est-à-dire pouvent s'allonger ou se retirer à volonté, comme les griffes du chat; la tête grosse, les oreilles courtes, les dents canines extrêmement longues, fortes et aiguës; le museau pourvu de longs poils raides semblables aux moustaches du chat. Son pelage et sa crinière sont généralement de couleur fauve; mais on en rencontre dont la crinière est noire, ce qui leur a fait donner le nom de lions noirs. Ceux-là habitent surtout le Sahara africain.

Quand le lion est bien repu et tranquille, il a, couché sur le flanc, ou marchant à pas lents, une apparence de nonchalante majesté. Quand il a faim ou quand sa colère s'éveille, sa physionomie change; il se rase à terre, allonge ses griffes, ouvre son énorme gueule, pousse des rugissements sourds, bat ses flancs de sa queue et hérisse sa crinière. La majesté fait place au vrai caractère de l'animal, à la férocité. Quant au courage, il n'en fait preuve que vis-à-vis d'êtres qu'il croit inoffensifs, et, sauf de rares exceptions, il n'attaque jamais l'homme, à moins qu'il n'en soit lui-même attaqué. Il est alors dans le cas de légitime défense, et l'on peut affirmer que c'est la peur qui lui donne de l'audace.

Il se nourrit de grands animaux, moutons, chèvres, bœufs,

vaches, gazelles, girafes, et sa force musculaire est si prodigieuse qu'il peut sauter un fossé et même un mur en emportant la proie qu'il vient de tuer. Comme tous les félins, c'est un animal nocturne; il ne chasse que la nuit.

La lionne est semblable au lion; mais elle est plus petite et sans crinière. Elle adore ses petits et, quand on les attaque, elle devient plus furieuse que le lion lui-même.

L'habitat du lion est surtout l'Afrique; il en existe en Asie, mais seulement dans les régions où il n'y a pas de tigres.

L'ÉLÉPHANT.

L'éléphant est un pachyderme (peau épaisse) de la famille des *proboscidiens*, c'est-à-dire des animaux dont le nez se prolonge en trompe. Il a la tête forte, le front large et bombé, les yeux petits et fort vifs, de grandes oreilles, larges et pendantes, une queue courte, des pieds massifs qui ne laissent pas voir de doigts, mais seulement le bout d'ongles gros et courts; sa peau épaisse, rude et ridée, de couleur grise, est sans poils et semble écailleuse et sale. Ses défenses sont deux énormes dents qui sortent de sa mâchoire supérieure et se prolongent en avant; elles constituent ses armes offensives et défensives et fournissent l'ivoire.

La trompe, c'est son nez. Très mobile, elle est creuse et terminée par un petit repli, formant une sorte de doigt. Comme il ne peut rien saisir avec ses pieds, sa trompe lui tient lieu de main et de bras et il s'en sert avec une adresse étonnante.

Il y a des éléphants qui ont jusqu'à quatre mètres de hauteur. La force de l'animal est en proportion de sa taille; mais sa masse pesante ne l'empêche pas d'être très rapide à la course, laquelle égale celle d'un cheval au galop.

Les éléphants sauvages habitent les forêts des contrées chaudes de l'Afrique et de l'Asie. Leur nourriture est exclusivement végétale. Pour boire, ils aspirent l'eau avec leur trompe; puis, la repliant, ils soufflent et lancent dans leur bouche l'eau dont elle était remplie.

L'éléphant est peut-être le plus intelligent des animaux. Non seulement il pense, mais il réfléchit. En voici un exemple cité par M. Jacolliot dans son *Pays des éléphants*.

Dans l'île de Ceylan, un éléphant était chargé d'emplir une citerne de l'eau qu'il puisait dans un puits voisin. Le liquide s'épanchait par un tronc d'arbre creusé communiquant du puits à la citerne. Au bout de quelques heures de travail, l'animal s'aperçut que la citerne ne s'emplissait pas. Après un examen attentif, il s'aperçut qu'il existait une différence de niveau, différence qu'il rectifia immédiatement en plaçant une pierre sous le tronc d'arbre servant de canal.

LE RHINOCÉROS.

La science a placé le rhinocéros dans l'ordre des *jumentés*, c'est-à-dire des bêtes de somme, avec l'âne, le cheval, à cause de la forme de son pied, terminé par un sabot. Et cependant il ne ressemble ni par la forme, ni par les mœurs, aux autres animaux du même groupe.

Après l'éléphant, le rhinocéros est l'animal le plus gros de la création. Il est prodigieusement fort, épais et sauvage, et aussi prodigieusement laid, brutal, stupide et irascible. Sa tête massive est difforme; son mufle épais se termine par une lèvre allongée et mobile, comme une petite trompe. Il a les yeux petits et ternes, les oreilles longues et mobiles, le cou court, les pattes grosses et courtes, terminées par un seul sabot, comme le pied du cheval, la queue courte et pendante, la peau épaisse et presque sans poils, d'un gris violacé, excessivement dure et raide, et formant de gros plis aux cuisses et aux épaules.

Ce qui fait l'originalité de sa physionomie, c'est sa corne. Le rhinocéros de l'Inde n'en a qu'une, épaisse, dure, longue, plantée sur le nez et constituant une arme terrible. Le rhinocéros d'Afrique a deux cornes, également plantées sur le nez, l'une derrière l'autre; sa peau, épaisse et lisse, ne forme pas de gros plis comme celle de son congénère asiatique. Il est aussi un peu plus petit; mais il a le même caractère brutal et sauvage et la même manière de vivre.

Le rhinocéros se nourrit de racines, de jeunes pousses d'arbres, de roseaux, d'herbe et de feuillage. Il se plaît dans les forêts, dans les fourrés les plus épais, au bord des marais et des rivières; il aime à se vautrer dans la boue, comme un porc. Sa voix est un grognement sourd, qui passe au cri aigu quand il est irrité. Il est tellement stupide, qu'on n'est jamais parvenu ni à le dompter, ni à l'apprivoiser.

LE CROCODILE.

Le crocodile appartient à la classe des *reptiles* et à l'ordre des *crocodiliens*. C'est un énorme lézard de trois à quatre mètres de longueur et gros à proportion. Son corps est couvert de larges écailles, si dures qu'elles repoussent la balle du fusil. Il a une queue longue, aplatie sur les côtés, flexible et extrêmement robuste. Ses pattes courtes ont des doigts armés de griffes; les doigts de derrière sont réunis par une membrane formant une espèce de rame. Son énorme tête se termine par un museau très allongé; la gueule, fendue jusqu'aux oreilles, dépourvue de lèvres, montre une rangée de dents acérées. Ses yeux, gros et saillants, sous de larges sourcils, regardent de travers. Sa couleur est d'un brun foncé, vaseux, souvent aussi de nuance verdâtre.

Le crocodile est un animal aquatique, qui vit dans les fleuves et dans les lacs, mais qui sort souvent de l'eau pour rôder sur les rives. Il nage avec aisance et court très vite à terre. Sa nourriture se compose surtout de poissons; mais il ne dédaigne pas la chair humaine; quand, une fois, il en a goûté, il la préfère, dit-on, à toute autre.

Comme tous les reptiles, le crocodile pond des œufs, gros comme des œufs de poule, qu'il enfouit dans le sable et que la chaleur du soleil fait éclore. L'hiver, il s'enfouit dans la vase et reste engourdi jusqu'au printemps.

Il existe trois espèces de crocodiles.

Les crocodiles proprement dits, d'une couleur verdâtre, avec des taches et des raies noires sur le dos, vivent en Afrique.

Les caïmans ou alligators infestent les fleuves de l'Amérique méridionale. Ils ont la tête très large, un museau ressemblant à celui du brochet, des dents inégales, les doigts de derrière palmés jusqu'à moitié de la longueur des doigts. Ils courent fort bien en ligne droite, mais ils se détournent difficilement et une fuite tortueuse permet de leur échapper, quand on en est poursuivi.

Les gavials, qui vivent dans les fleuves de l'Inde et que distingue leur museau démesurément allongé, sont les plus monstrueux et les plus effroyables des crocodiliens : ils atteignent jusqu'à six mètres de longueur !

FIN

TABLE DES GRAVURES

	Pages.
William Charles Baldwin..	5
Chassé par un crocodile..	21
Baldwin endormi sur un ilot..	23
Chasse à l'hippopotame sur la rivière Sainte-Lucie.................	27
Retour forcé au kraal du Panda....................................	33
Aventure nocturne...	37
Baldwin chassant l'hippopotame....................................	50
Inyalas...	53
Descente trop rapide..	55
Crocodile enlevé par ses compagnons...............................	56
Jeune rhinocéros attaqué par des chiens...........................	60
Inyala dévoré par des hyènes......................................	61
Deux lionnes..	62
Combat avec un buffle...	69
Le buffle passa au-dessus d'eux...................................	71
Baldwin tue sa première girafe....................................	83
Harris-bucks..	89
Babouins..	90
Chasse aux rhinocéros...	91
Une nuit dans le désert...	92
Baldwin chassant à pied dans la forêt d'Entonéni..................	93
Chez les Betjouanas...	94
Chasse aux Mambas...	97
Girafe prise par le cou...	104
Une nuit dans les bois..	107
Bloqué sur un arbre...	111
Baldwin chargé par un éléphant....................................	115
Marche au clair de lune...	122
Baldwin mettant le feu aux grandes herbes.........................	124
Chèvre enlevée par une hyène......................................	146
Le chariot chavirant dans la Touguéla.............................	148
Chasse à l'oryx...	159
Épisode d'une chasse à l'éléphant.................................	160
Chasse de nuit..	171
Chassé par un lion..	175

FIN DE LA TABLE DES GRAVURES

TABLE DES MATIÈRES

	Pages.
Avant-propos..	1
Chapitre I. — Du Natal au pays des Zoulous....................	17
Chapitre II. — Le Transvaal. — Le Mérico.......................	75
Chapitre III. — Du Mérico au lac Ngami..........................	100
Chapitre IV. — Les Grandes Salines, Le Kalahari.............	128
Chapitre V. — Le Zambèze et les chutes Victoria.............	150
Appendice : La girafe. — L'hippopotame. — Le lion. — L'éléphant. — Le rhinocéros. — Le crocodile..................	179
Table des gravures...	191

FIN DE LA TABLE DES MATIÈRES

PARIS. — IMPRIMERIE ÉMILE MARTINET, RUE MIGNON, 2.

www.ingramcontent.com/pod-product-compliance
Lightning Source LLC
Chambersburg PA
CBHW060516090426
42735CB00011B/2249